Cent jours à l'hôpital

CHRISTINE CLERC

Le bonheur d'être français
Dimanche 16 mars, 20 heures
L'arpeggione
Chronique d'un septennat
La guerre de Mitterrand
Les amants de Maastricht
Rendez-vous politique
Jacques, Édouard, Charles,
Philippe et les autres...
Journal intime de Jacques Chirac
Cent jours à l'hôpital | *J'ai lu* 4566/**3**

Christine Clerc

Cent jours à l'hôpital

Chronique d'un séjour forcé

Éditions J'ai lu

A Thierry,
A Ninon,
et à tous mes « anges gardiens ».

« Notre métier n'est pas de faire plaisir.
Ni de porter tort.
Il est de porter la plume dans la plaie. »

Albert LONDRES

Avertissement de l'auteur

Les faits relatés dans ce récit, qui se déroule de mars 1993 à juin 1994, sont authentiques.

La plupart des noms de personnes et quelques noms de lieux ont été, en revanche, volontairement modifiés : il ne s'agissait pas pour moi de régler des comptes, encore moins d'importuner des gens qui m'ont aidée, mais simplement de témoigner sur l'hôpital public.

INTRODUCTION

Pourquoi ce livre

Un dimanche de mars 1993, en forêt de Fontainebleau, mon cheval se fauche en plein galop et roule sur moi. Cet accident me vaut de passer trois mois et demi à l'hôpital, plus quelques mois en rééducation, de kinésithérapeutes en clinique, de clinique en rhumatologues.

Pour y avoir accompagné souvent des parents et y avoir effectué de nombreux reportages (avant d'être journaliste politique, j'ai été journaliste sociale et médicale), je croyais connaître l'hôpital. Je le connaissais de l'extérieur, comme une personne bien portante, libre de marcher, de s'en aller. Je l'ai découvert de l'intérieur, en «personne dépendante», allongée, prisonnière de son handicap et de sa souffrance. Qui n'a passé une nuit d'angoisse dans une chambre sonore à attendre le prochain calmant et sonner désespérément l'infirmière de garde, qui n'a entendu des blouses blanches sans visage parler de soi à la troisième personne, comme d'un objet dénué de sensations et de conscience, qui n'a été trimbalé comme un paquet par des brancardiers manutentionnaires ou des ambulanciers qui se prennent pour des champions de Formule 1, ne peut prétendre connaître qu'une toute petite partie de la réalité: celle qui est mesurable par les spécialistes, les ingénieurs et les financiers. Celle que nos gouvernements expriment d'un mot, toujours le même, qu'ils prononcent du même ton docte et chagrin : dépenses.

Que de gaspillage, en effet, à l'hôpital. Gaspillage de matériel, d'examens de laboratoire ou de radiologie et de médicaments, sans doute. Gaspillage, surtout, d'énergie, d'intelligence et de sensibilité des femmes et des hommes — ceux qui soignent et ceux qui sont soignés...

Dès que je l'ai pu, j'ai pris des notes au jour le jour sur ce que je voyais, entendais et ressentais.

La publication* de trois ou quatre brèves chroniques, conçues comme des coups de projecteur sur tel ou tel lieu ou scène de la vie quotidienne à l'hôpital — le sous-sol et ses laboratoires, les couloirs, le rituel de la visite du « patron », etc. —, m'a valu un afflux de courrier auquel je ne m'attendais pas. Certains ex-patients prenaient vigoureusement la défense de « leur » hôpital ou de « leur » service, de « leur » médecin et de « leurs » infirmières. D'autres, plus nombreux, beaucoup plus nombreux, hélas, m'adressaient de longs témoignages d'indignation trop longtemps contenue, comme si j'étais la première personne à laquelle ils pouvaient confier ainsi leur humiliation, leur angoisse, leur pudeur bafouée, leur douleur, enfin, trop souvent ignorée... « Merci, me disaient-ils, de parler pour nous... » Des médecins, en revanche, me sermonnaient : de quel droit avais-je écrit sur l'hôpital, la souffrance et la médecine sans posséder leur compétence, sans être du « milieu » ?

A l'évidence, j'avais fait plus que toucher un point sensible : j'avais enfreint un tabou.

Bien malgré moi, je devenais une sorte de médiateur. On s'adressait à moi dans l'espoir d'une intervention, parfois même on m'appelait au secours. Des cas dramatiques succédaient aux cas dramatiques...

Lorsque Olivier Orban et Jean-Claude Simoën me demandèrent de faire le récit de mon expérience, j'acceptai donc sans hésiter. Non que j'imagine avoir reçu

* Dans *Le Figaro Magazine*.

une quelconque « mission ». Simplement, parce que mon métier est d'observer et d'écrire ce que j'ai vu. Plus ou moins consciemment, peut-être aussi, éprouvais-je le sentiment d'avoir une dette à payer : envers celles et ceux qui m'ont soignée. Envers tous ceux qui n'ont pas le privilège de disposer, comme moi, d'une tribune. Envers la Providence enfin, ou le bon Dieu, ou la Sainte Vierge qui ont bien voulu que, à quelques dixièmes de millimètre près, j'échappe à la mort ou au fauteuil roulant à vie. Témoigner, en somme, serait ma façon d'allumer un cierge...

Il m'a fallu plus d'un an, cependant, pour écrire la première ligne de ce récit. Je prétextais le manque de temps, la fatigue, le besoin de « prendre du recul »... En vérité, je n'aime pas parler de moi. J'ai plus de goût pour faire parler les autres. Et puis je déteste les gens qui étalent leurs ennuis de santé : ces femmes qui parlent de leur utérus à table, ces hommes qui déboutonnent leur chemise pour vous faire mesurer, sur leur vaillante poitrine, la cicatrice de leur « pacemaker ».

Moi, me livrer à cet impudique « déballage » ? Quelle horreur ! Je rencontrai des chefs de service, des experts, je lus des ouvrages et de nombreux articles, je visitai quelques hôpitaux, de taille et de style différents. J'allais écrire un autre livre : « Enquête sur l'hôpital ». Mais Olivier Orban insistait : « C'est votre histoire qui nous intéresse... dans la mesure où chaque lecteur s'y reconnaîtra. »

Un beau dimanche du printemps 1994, alors que la douceur de l'air me faisait rêver de galop en forêt, loin, très loin de l'hôpital, je fus appelée au chevet d'une amie, hospitalisée d'urgence en réanimation. D'un seul coup, je replongeai dans un univers que j'avais voulu oublier.

A mon retour, je pris la plume. Et j'écrivis d'une traite ce récit. Celui d'une « patiente » qui, parmi treize millions d'autres, chaque année en France, a découvert un autre visage de notre société et fait un voyage au bout d'elle-même : à l'hôpital.

1

L'accident

Dimanche 14 mars 1993 — Midi en forêt de Fontainebleau

Est-ce un chevreuil, une biche ? J'ai entendu un craquement léger. Toute la forêt bruit autour de moi. La brise dans les feuillages et puis des pas, imperceptibles et divers, sur les feuilles mortes qui me font un lit. L'air est tiède, j'ai de la chance. Cela serait arrivé dimanche dernier, sur le sol détrempé et au milieu des bourrasques glaciales, je ne l'aurais pas supporté. Violacée, grelottante, je me serais recroquevillée, j'aurais préféré mourir que d'attendre encore. Quelle heure peut-il être ? Un rayon de soleil m'effleure les cheveux. Si j'arrivais à me déplacer de quelques centimètres sur le côté, il me réchaufferait le visage. J'essaie de regarder ma montre, mais ce geste m'arrache un cri, qui fait taire la forêt. Tout à l'heure, quand je me suis retrouvée sur le dos au milieu de l'allée cavalière et que j'ai tenté de me retourner sur le ventre, ce mouvement a fait jaillir les mêmes cris malgré moi, comme s'ils ne venaient pas de ma bouche, mais de mon dos, de mes bras, de mes entrailles.

Quand Michel a essayé de me prendre sous les bras pour me tirer dans le sous-bois et m'adosser à un arbre, ça a été pire. Le pauvre ne savait plus que faire. Je n'ai sans doute rien de cassé, pourtant, puisque j'ai réussi à bouger après la chute. Simplement des ecchymoses, des muscles froissés un peu partout, des entorses... Un choc mou et dur à la fois, le poids d'un énorme sac d'os (combien de côtes un cheval a-t-il ?) et de chair compacte, et un gouffre noir où nous versons tous les deux, Black et moi. Que s'est-il passé ? S'est-il pris le pied dans une racine ? A-t-il dérapé sur un caillou ? Quelque chose lui a-t-il fait peur ? Ou, simplement, le virage en plein galop a-t-il été trop brutal ?

Pendant quelques minutes j'ai pensé que j'allais mourir. Sans émotion, d'ailleurs. J'étais comme au cinéma et j'assistais au film de ma propre mort. Je me demandais quand, comment. Je redoutais un choc sur la route. Le soleil meurtrier sur le macadam, le hurlement des freins et des pneus, la tôle étincelante, le sang, très rouge.

J'avais décidé de me jeter sur le côté dès que j'apercevrais un endroit sans rochers et sans bois coupé, un endroit pas trop dur. Ne pas avoir le visage abîmé, rouler en boule. Black m'a devancée. Quand Michel est parti au galop devant moi, dans la côte qui passe sous le petit pont dont l'ombre soudaine fait parfois peur aux chevaux, tout le corps de Black s'est tendu brutalement entre mes jambes, tandis que sa tête me tirait violemment les bras en avant. Sensation grisante, affolante d'un décollage. « Ralentis un peu, Michel, s'il te plaît ! » Mais Michel, occupé à pousser au galop son cheval un peu lourd, n'entend pas. Il ne voit pas, quand je le double debout sur mes étriers en position de jockey pour garder l'équilibre, que je ne joue pas. En réalité, je suis « embarquée ». Inutile d'essayer de calmer Black en lui parlant doucement et en serrant et relâchant alternativement les doigts sur les rênes. Tous ces bons vieux trucs ne font rien contre cette force-là, cette force pure, magnifique, irrésistible, qui m'enlèverait au-dessus des troncs d'arbres jetés au travers du chemin, au-dessus des talus, au-dessus des montagnes. Va, Black ! Va !

Surtout, ne pas se laisser déséquilibrer. Garder les mains en appui sur son garrot, les talons bien baissés, les jambes et les reins souples. Il se calmera en haut de la côte, comme ils se calment tous, d'habitude. En attendant, profiter de ce moment. Beauté de la forêt, qui défile en accéléré. Halètement de forge, martèlement des sabots... Et moi qui avais craint, lorsque la stagiaire chargée de le seller me l'a présenté comme «un petit cheval très gentil», que Black fût un cheval ennuyeux. Un de ceux qui ne vous donnent pas un frisson dans le premier trot, qui n'ont pas même cette allégresse dans l'encolure, ces coups de cul de bonne humeur quand nous débouchons du sous-bois sur la lande couverte de bruyère et que l'air du grand large leur fouette soudain les naseaux. «Ennuyeux», ai-je pensé. Et tout à coup, cette folie. Je n'ai même pas le temps de savourer ce passage, que j'aime tant, de l'ombre sablonneuse et humide vers les premiers entassements de rochers ourlés de fougères et se détachant bientôt sur un ciel pur. Dans un fracas de cailloux, un vacarme de charge de cavalerie qui me fait bourdonner les oreilles et m'emplit la tête, nous avalons la côte, ses rochers, ses fougères mortes et ses jeunes pousses. Voici le croisement. A gauche, un chemin caillouteux redescend en pente raide vers la plaine. A droite, la longue allée droite et plane, où nous avons l'habitude de calmer et de sécher les chevaux au petit trot cadencé après le galop de la montée, s'offre comme une espérance. Je m'arc-boute de toutes mes forces vers l'arrière et, d'une voix essoufflée mais qui se voudrait apaisante autant pour moi que pour lui, psalmodie: «Doucement, au trot, au trot...» Black ne veut rien entendre. Il débouche au croisement comme un fou. Trop dangereux d'essayer de tourner à gauche pour dévaler la pente, tête en avant. Je ne porte pas de bombe et même si j'en portais... Reste la longue allée, où nous nous engouffrons à toute allure. Toujours cette force, incroyable pour un cheval si fin. Son encolure tendue me durcit les bras au point de les tétaniser. A quelle vitesse allons-nous? Le vent de la course me fait pleurer. Pourvu que nous ne croisions personne. Black serait capable de foncer sur n'importe quoi, n'importe qui. Il va finir par me faire perdre le souffle si je ne parviens pas à le reprendre en main. Les kilomètres défilent. Sur la terre nourrie de feuilles mortes, le martèlement de ses sabots se fait plus sourd. Implacable. A la fin, cela suffit ! Je ne peux pas continuer à subir, je dois me fâcher. Un coup de cravache dans les yeux, une secousse dans la bouche, que sais-je, il me faut le surprendre. C'est lui ou moi, maintenant. Au train où nous allons, nous atteindrons bientôt la route. C'est maintenant que je dois l'arrêter, pendant que j'en ai encore la force, avant que mes bras flageolent et que la tête me tourne…

2

Le Samu

On a parlé ! Ou gémi. On dirait une voix humaine. Quelqu'un va bien finir par arriver. C'est tout de même étrange que, dans cette forêt si fréquentée par les randonneurs le dimanche matin, personne ne soit encore venu me porter secours. Un calmant. Si seulement je pouvais avaler un cachet ! On devrait toujours en avoir dans sa poche quand on sort à cheval.

J'ai mal. La voix que j'ai entendue, c'était la mienne. Je geins. Je geins sans arrêt, comme pour faire sortir la douleur de mes poumons et de mon ventre. Le soleil s'est déplacé. Il me réchauffe maintenant les joues. Comme tout est paisible ! Les arbres s'écartent pour me donner plus de ciel bleu. Les fougères craquent doucement sous ma nuque pour me faire un oreiller. Je sens respirer contre moi la terre. Cette forêt que j'aime, elle m'accueille, elle m'enveloppe comme un des siens. Jamais, en la parcourant à toutes les allures et en toutes les saisons, je n'ai éprouvé un tel sentiment de communion avec elle. Un si étrange bonheur. Je m'abandonne à elle. J'aimerais m'endormir ainsi, en geignant de plus en plus doucement.

J'ai crié « Non, non, ne me touchez pas ! » Michel est revenu, avec Robert, le patron du club hippique. Ils ont voulu me prendre sous les bras, j'ai cru qu'ils allaient me les arracher. Maintenant, remonté dans sa voiture, Robert essaie d'appeler les pompiers. « Quoi ? Vous êtes à Paris ? Auriez-vous le numéro des pompiers de Fontainebleau ? » L'imbécile ! Appeler les pompiers de Paris. En plus, il leur dit que je n'ai pas perdu connaissance. Je voudrais lui crier que oui, j'ai bel et bien perdu connaissance. Seule une sorte de râle continu sort de ma bouche. Et toujours pas de calmant. Je n'en peux plus. Malgré le soleil, je me mets à grelotter. Michel me couvre de sa veste. J'ai toujours aussi froid. Des randonneuses passent. Silhouettes indécises. Bruit de conversations. Une dame me tend un comprimé blanc, « Doliprane », dit-elle. On me soulève la tête. Je l'avale difficilement. C'est terriblement amer. J'ai toujours froid et mal partout. Que c'est long ! Au téléphone, Robert a donné des explications confuses : il parle d'envoyer un cavalier au croisement de la route pour indiquer le chemin. Mais comment trouveront-ils cet endroit en arrivant par la route ? Et d'abord, où sommes-nous exactement ? Je me souviens, après la longue allée, d'une côte inconnue. Parvenu au sommet, Black vire à droite comme un fou. La cime des pins bascule. Dix fois je retombe et suis écrasée. Pourquoi cela se passe-t-il la nuit ? Black me cache le jour, il me couvre de sa masse sombre. Ensemble, nous versons dans un précipice. Dans un grand trou noir.

Où est Black ? Je ne l'ai pas vu se relever et partir. Est-il blessé ? Autour de moi, soudain, s'affairent des hommes vêtus de bleu. L'un d'eux cherche à remonter la manche droite de ma veste. Il parle de la découper pour éviter de me déplacer la nuque. Ma veste en loden jaune. J'ai bien fait de mettre mes boots. Si j'avais mis mes bottes de cuir, ils auraient été obligés de les découper aussi pour n'avoir pas à tirer dessus. Ou bien ils m'auraient arraché le genou en même temps. Plier la jambe, tendre le bras, tout est atrocement douloureux. « Ne me touchez pas ! » L'homme en bleu s'est écarté. Lui ou un autre parle de ma tension : 5,7. C'est trop bas pour qu'on puisse la transporter. « Elle doit avoir une grosse hémorragie interne... Il faut appeler le Samu... » Je flotte. Des visages bienveillants tournent lentement autour de ma tête. Michel, Ninon. Sa main sur mon front, très douce. Un peu plus tard, arrivent les hommes en blanc. A nouveau on s'empare de mon bras. Ils cherchent ma veine, ne la trouvent pas. Bruit de voix tendues. Voilà. Une violente brûlure à la saignée du coude me fait tressaillir. « Merde, elle a claqué ! » Une main me palpe l'avant-bras. Nouvel essai. Nouvelle brûlure, au poignet cette fois. Deux, trois fois ils recommencent. Qu'on me laisse tranquille à la fin, je voudrais dormir. Qu'on me laisse en paix dans ma forêt.

A quatre, ils me glissent avec précaution sur un matelas gonflable. Au moment où ils me portent jusqu'à l'ambulance, j'ai un dernier sursaut : mon foulard ! Il est resté au milieu de l'allée.

3

Premier hôpital

Quand je me réveille, j'ai la tête à la renverse et les yeux dans les néons : un plafond éclairé à blanc, tel sera désormais mon univers. Parfois, s'interposent des visages inconnus, des blouses blanches. A un moment, je passe dans un tunnel où je progresse lentement, sur le dos. On dirait un film de science-fiction. C'est un scanner. A la sortie, le médecin-chef, le Dr D., un nom polonais, m'annonce que j'ai de multiples fractures : au bassin et à l'épaule, sans compter les côtes. Ça ne doit pas être très grave, puisque je n'ai plus mal. Quelle heure est-il ? Quinze heures trente déjà. L'accident a dû avoir lieu vers dix heures et demie. Je serais donc restée quatre heures en forêt ? Que font mes amis ? Pourquoi ne sont-ils pas encore arrivés ? Leur a-t-on dit où j'étais ? Sauront-ils trouver l'hôpital ? Je ne suis pas vraiment inquiète. Impatiente, seulement. Impatiente de mettre les choses en ordre. Rien ne me paraît plus urgent que de prévenir le Club de la Presse d'Europe 1 que je ne pourrai pas y être demain. Prévenir aussi RTL. Et *Le Figaro Magazine*. Dieu merci, j'ai le texte de ma chronique dans mon sac. Mais où est mon sac ? Dans ma voiture : au club hippique, où j'ai dû la laisser. Penser à demander à Michel de me l'apporter, s'il a récupéré mes clés... Et mes parents ? Maman va être affolée. Peut-être pourrait-on attendre un peu... François, comment le prévenir ? Pendant que tout cela se bouscule dans ma tête, je m'entends féliciter le médecin-chef de son équipement. « C'est très moderne. Je ne pensais pas que l'hôpital de Fontainebleau eût un scanner. Et vous avez du monde aux urgences, pour un dimanche. » Le Dr D. m'explique que le nombre élevé d'accidents sur la route pendant les week-ends a obligé cet hôpital de ville moyenne à se doter d'équipements et de personnel... Je crois entendre la grande rumeur de l'autoroute. Quand nous montons jusqu'au point de vue des « Hautes Plaines », où le regard embrasse la plaine aux couleurs changeantes du vert au roux et que nous posons pour un western imaginaire dans le rôle des deux Indiens perchés en surplomb du défilé et tenant d'une seule main leurs rênes pour relever fièrement la tête de leurs chevaux, elle nous parvient comme un bourdonnement tenace, interrompu de stridences, de longs cris qui nous font taire et penser : « Un accident. Des morts, peut-être. »

La mort. Aujourd'hui encore, elle s'est contentée de me faire signe. La dernière fois, c'était à cheval aussi. En forêt de Saint-Germain-en-Laye. J'étais sortie seule. Un cheval noir, déjà. J'avais eu un mal fou à le pousser au galop le long de l'allée d'entraînement des chevaux de course. Mais au retour, une fusée ! Le cheval noir me jeta littéralement contre un arbre. Je me souviens d'un violent choc sur la poitrine, qui me coupa le souffle pendant plusieurs minutes.

Me revient aussi en mémoire un accident de voiture. Je suis reporter débutante. Un matin, j'ai raté le train pour Cherbourg. J'ai pris ma voiture. Et à travers la pluie battante, soudain, je crois faire un cauchemar. Cela se déroule comme un film au ralenti auquel j'assisterais, étrangement, en simple spectatrice, alors que je suis au centre de l'image. Sur la voie en face, une voiture entame une courbe (à cheval, on dirait une « demi-volte ») qui la conduit sur moi. Au dernier moment, elle se redresse. Pas assez, cependant, pour éviter un choc latéral. La boiserie intérieure de la portière gauche de ma voiture, une petite voiture anglaise, est arrachée. Mon manteau déchiré. Mon pull-over et mon soutien-gorge aussi. Mais je n'ai qu'une légère éraflure au sein gauche. Je me sens si bien, si distante, si calme que j'envisage de poursuivre ma route après avoir dressé un constat et m'être arrêtée dans un garage proche pour faire fixer avec du fil de fer ma portière gauche enfoncée. Tout de même, le garagiste ayant parlé de « châssis faussé », je décide de rebrousser chemin. Et voilà que, au bout d'une demi-heure, je me mets à trembler comme une feuille. Maintenant, l'accident me paraît vraiment inéluctable : tous ces gens qui me doublent et me croisent à plus de cent kilomètres à l'heure sont fous ! Ils ne voient pas que la route est une piscine ! Au moindre coup de frein, ils vont faire un tête-à-queue. Avec quelle inconscience ils jouent leur vie et la mienne ! Une pensée m'obsède : l'accident qui m'est arrivé tout à l'heure était un avertissement : « Attention, tu te crois invulnérable. Tu ne l'es pas. La prochaine fois pourrait être la bonne. »

Je ne suis pas superstitieuse. Je ne prends pas la peine d'éviter les échafaudages. Les chats noirs me sont indifférents. Et il ne m'est jamais venu à l'esprit de consulter une cartomancienne. Mais l'idée m'effleure parfois que j'ai été trop gâtée, trop heureuse dans la vie, et qu'il me faudra bien, un jour, payer la facture.

« Ah, vous alors ! Dites donc, vous faites fort ! »

De sa grosse voix goguenarde, la même qui crie des ordres à travers la cour aux stagiaires ou qui m'engueule au milieu de la carrière quand je tire sur la bouche de mon cheval au passage d'un oxer, Robert, le patron du club hippique, me tire de ma torpeur.

« Huit fractures d'un coup ! Moi, j'en ai eu huit aussi, mais l'une après l'autre ! »

J'aperçois dans la poubelle mon polo en loques. Pour me déshabiller, on a dû le découper. Mon polo tout neuf, jamais je ne retrouverai ce ton subtil... A la place, on m'a passé une chemise d'hôpital bleu ciel, à manches courtes et ouverte dans le dos, qui évite d'avoir à lever les bras pour l'enfiler et l'enlever. Je ne peux ni bouger le bras droit, sous perfusion, ni déplacer la jambe droite, inerte, ni me tourner sur le côté. Mais, curieusement, cela ne m'inquiète pas: huit fractures, vraiment? J'ai peine à y croire. Je ne comprendrai que dans vingt-quatre heures, quand on cessera de m'administrer de la morphine...

Ma chambre s'est emplie de monde. Mes amis discutent. Leur brouhaha m'étourdit. Je ne comprends pas pourquoi ils parlent si fort. Robert se lamente de m'avoir donné un cheval qui ne s'entendait pas avec l'autre. Michel et Ninon se demandent qui appeler un dimanche après-midi: dans quel hôpital parisien me transférer? Moi, je n'ai pas envie qu'on me bouge. Je suis bien ici. C'est petit. Les médecins ont l'air gentil. Je voudrais seulement du silence et dormir. Ninon obtient par les renseignements les numéros de téléphone de mon médecin généraliste, le Dr Van Dahaene, et d'un rhumatologue ami, le Dr Filippi. Ni l'un ni l'autre ne sont là. Un dimanche! A-t-on idée d'avoir un accident un dimanche! Finalement, en fin d'après-midi, le Dr Van Dahaene rappelle le chef de service dans ma chambre. J'entends:

« A-t-elle fait pipi? Non, elle n'a pas fait pipi... »

Le chirurgien raccroche, amusé.

« Votre médecin tient beaucoup à ce que vous fassiez pipi... »

Il m'indique l'heure: dix-sept heures passées. Nous sommes partis ce matin à neuf heures... Je pense aux cerfs que l'on force dans cette forêt, et qui meurent empoisonnés par leur urine. Après tout, c'est peut-être une mort douce... Je n'ai pas mal au ventre. Qu'on me laisse donc tranquille. Mais il n'est pas question de me laisser tranquille. Une infirmière apporte un bassin. On me soulève les hanches pour le glisser dessous. La douleur dans les reins est si vive que je crie: « Je ne veux pas, enlevez-moi ça. » Puis, sous l'effet d'une piqûre, je me détends petit à petit. L'infirmière fait couler de l'eau, comme pour les petits enfants.

Voilà.

Un peu plus tard, la voix, tendre et embarrassée, de Fabrice, mon second fils, me fait ouvrir les yeux. Craintivement, il pose sa main rugueuse sur mon front. Il est venu en train, puis en bus. L'hôpital est-il en ville ? Loin de la gare ? C'est un vrai voyage ! Je suis émue. Je voudrais le lui dire, l'embrasser, au lieu de quoi je vomis violemment, droit devant moi (on appelle cela, je l'apprendrai plus tard, « vomir en jets »), le potage absorbé à six heures. Branle-bas de combat, il faut me laver, me changer, changer mes draps... Ils doivent s'y prendre à quatre pour me soulever et glisser un drap propre et bien tendu sous mon dos. L'opération me laisse littéralement exsangue mais apaisée. Ninon et Fabrice parlent de me laisser dormir. Ils vont rentrer à Paris et reviendront demain pour m'accompagner à l'hôpital où l'on aura décidé de me transférer. Quelle heure est-il ? Je m'agite : c'est de la folie ! Le retour du dimanche soir. Un monde fou sur l'autoroute, des accidents... Qu'ils dînent donc ici tranquillement et qu'ils couchent à Fontainebleau, ou à Barbizon, à l'hôtel où j'ai donné hier soir cette conférence sans laquelle je ne serais pas dans cet état. Maudite conférence ! Je rentrais de voyage, le décalage horaire, le courrier qui vous attend... J'aurais voulu annuler tout et, pour une fois, faire une grasse matinée ce dimanche, au lieu de me lever tôt pour monter à cheval.

Et puis je me suis ressaisie : il faut tenir ses engagements, on ne peut pas annuler au dernier moment. Et si je commence à me laisser aller à la fatigue... Allons ! Un bon coup de cravache et ça repartira...

Non, vraiment, insistent-ils avec douceur, comme on le fait avec une personne âgée qui n'a plus toute sa tête, ils n'ont pas faim, ils vont prendre la route et revenir demain... Leur obstination me blesse. Est-ce le désir de les garder près de moi qui l'emporte, ou la peur de l'accident ? Cette autoroute Fontainebleau-Paris, je me la représente pleine de chauffards assassins et je les vois déjà tous les deux, couchés dans l'herbe, inertes. J'entends les sirènes... Je craque.

« Non, ça suffit ! Un accident dans la journée pour la famille, je vous en supplie ! Je paierai l'hôtel, mais restez, je le veux, restez et ne m'obligez pas à discuter... » Fabrice et Ninon me regardent inquiets, apitoyés. D'impuissance, ma voix s'étrangle, je suis au bord des larmes. Cette grande peur que je n'ai pas eu conscience de ressentir pour moi, je vais l'éprouver maintenant, pendant des mois, pour tous ceux que j'aime. Me lâchera-t-elle un jour ?

4

Deuxième hôpital

Lundi 15 mars, neuf heures du matin

J'ai pu absorber un thé et une biscotte, je me sens l'esprit clair. Je parviens même à attraper de la main gauche le téléphone pour appeler le journal, relire ma chronique et couper les quatre lignes de trop — soin que je ne veux laisser à personne.

Autour de moi, les discussions reprennent bientôt. Le Dr Filippi a appelé. Il voudrait m'envoyer à l'hôpital de la Sainte-Croix où il a un ami excellent chirurgien. Mais il craint que ce ne soit trop loin du centre de Paris, trop difficile pour mon travail. L'hôpital Youri-Gagarine — où lui-même a une consultation — serait, dit-il, plus commode. Et il connaît le Pr Végan du service de chirurgie orthopédique. Justement, le Dr Van Dahaene, mon médecin généraliste, le connaît aussi. Il le recommande.

Ce sera donc l'hôpital Gagarine. Ce choix m'indiffère assez, même si c'est à regret que je m'apprête à quitter l'hôpital à taille humaine de Fontainebleau. Mes amis médecins ont sûrement bien choisi. Je leur fais confiance. Au reste, ce n'est ni l'hôpital ni la perspective d'interventions chirurgicales qui me font peur, mais le transport. La façon dont on va m'arracher du lit pour me poser sur un brancard puis me porter dans l'ambulance. En quelques heures, j'ai déjà appris que certains brancardiers savent, d'instinct, vous cueillir en douceur, « à la cuiller », comme ils disent, tandis que d'autres semblent attirés, comme « aimantés », par les points douloureux. « Non, pas là ! Un peu plus haut ! Un peu plus bas ! » Et la main tant redoutée vous empoigne à l'endroit le plus sensible. Très vite, ceux qui sont là pour vous aider et vous soulager vous apparaissent ainsi, bien malgré eux et malgré vous, comme des adversaires en puissance — sinon comme des tortionnaires.

Tout mon corps se contracte, sur la défensive, comme celui d'un enfant battu.

Paris, l'hôpital Gagarine

Des néons. D'interminables couloirs, où mon chariot résonne. Un ascenseur jusqu'au dix-septième étage. Des couloirs, à nouveau, pleins de néons qui blessent les yeux. Il faudra que je demande à maman de m'apporter un de ces masques noirs qu'elle met parfois pour dormir. Ou bien des lunettes de soleil, très foncées. Des boules Quiès, aussi. Tout est horriblement bruyant, ici, à commencer par les roues de mon brancard qui vibrent dans mon crâne. Enfin on me pousse dans une chambre, moderne, assez spacieuse. Ouf, elle n'a qu'un seul lit. Je serai seule. Je n'aurais pas supporté d'avoir une voisine — ses visiteurs, la télévision peut-être allumée toute la journée. Les brancardiers déroulent la couverture grise épaisse qui me maintient les bras repliés contre la poitrine, dans l'attitude d'une momie égyptienne, et comptent : « Un, deux, trois ! » Je serre les dents. Me voilà sur le lit. On m'enfile une chemise de l'Assistance publique, en papier ou en « non tissé » jetable, de couleur jaune. Sans tourner la tête, car tout mouvement m'est douloureux, je regarde autour de moi : à ma gauche, une table de chevet, en face un téléviseur accroché au mur. Et à droite, dominant la ville, avec au premier plan le boulevard périphérique d'où monte un bourdonnement incessant, la fenêtre qu'on ne peut pas ouvrir. Me voilà prisonnière. Au pied de mon lit, cette haute silhouette mince en blouse blanche, balançant d'un pied sur l'autre, est celle du professeur Végan. Les chirurgiens — et en particulier les chirurgiens orthopédistes, qui taillent dans le « dur » — passent parfois pour des « manuels », des brutes, en somme. Lui a l'air d'un intellectuel habité par un scepticisme teinté d'humour. Je préfère. Il ne veut pas m'opérer à tout prix, ni de la clavicule, ni du bassin, fracturé, m'explique-t-il, en trois endroits — ce qui rend l'intervention particulièrement délicate. On va d'abord refaire des radios puis l'on avisera. Il faut aussi surveiller le poumon droit, touché par les quatre côtes cassées...

Première nuit à l'hôpital Gagarine. La porte de ma chambre est ouverte sur le couloir violemment éclairé, ce qui permet aux infirmières de surveiller plus facilement les malades en passant. Et puis, cela me donne l'illusion d'avoir un peu d'air. J'étouffe avec cette fenêtre bloquée. Le gros climatiseur marron placé au-dessus de la porte ne m'envoie que de l'air vicié. Que dis-je, de l'air ! Une mixture de tous les microbes de dix-sept étages d'hôpital, broyés et réchauffés, et qui font tousser comme la poussière échappée des radiateurs électriques quand on les a rangés à la cave et qu'on les rallume pour la première fois de la saison. Elle m'irrite la gorge et remonte dans les fosses nasales.

Et ce ronronnement incessant, qui enfle, enfle, emplit la tête. Je voudrais me tourner du côté de la fenêtre pour ne pas voir l'engin. Il me semble qu'alors je l'entendrais moins. Mais je n'y parviens pas. Quand je suis arrivée cet après-midi, je ne l'ai tout d'abord pas remarqué — l'engin. Mais maintenant, je ne vois plus, n'entends plus que lui. Il couvre même le bruit des chariots dans le couloir et la voix de la vieille femme plaintive qui psalmodie dans une chambre voisine : « Charles ! Viens, j'ai mal ! »

Impossible de dormir. Ma réserve de calmants — des gélules de Di-Antalvic — est épuisée. Je sonne. Personne ne vient. Ce n'est pas possible, ils ne vont pas me laisser étouffer ainsi ! Je sonne à nouveau. Au bout d'un temps infini, arrive une infirmière, qui m'aveugle d'une brutale lumière blanche. « C'est pour quoi ? » lance-t-elle d'une voix rogue. Et moi, timidement : « Ne peut-on éteindre ce climatiseur ? Je ne supporte pas le bruit... mon crâne... » Elle secoue la tête. Beaucoup de malades, constate-t-elle, s'en plaignent. Les infirmières aussi, cela leur donne des maux de tête... Alors, peut-elle me donner un autre calmant ? Non plus. Je lui demande l'heure. Il est une heure du matin. Comment passer cette nuit ? Un sentiment de détresse m'envahit.

Quelques minutes plus tard, cependant, l'infirmière revient, avec une sorte de sac en drap contenant de gros glaçons — une poche à glace. Elle me la pose sur la tête. La brûlure intense me fait un instant oublier toute autre sensation. Mais bientôt, à force de maintenir le sac en équilibre, j'attrape une crampe dans le bras gauche. Je lâche tout, et immobile, sur le dos, me retiens de tousser pour éviter toute secousse intempestive. Peine perdue. Au fur et à mesure que les glaçons se réchauffent, le sac verse sur le côté. A gauche, je parviens à le rattraper. A droite, c'est beaucoup plus périlleux. Sonner à nouveau ? Redéranger cette infirmière, que j'ai sentie tellement lasse — ou débordée ? A quoi bon ? Quelques minutes plus tard, il faudrait tout recommencer. Par brefs mouvements successifs, je réussis à faire glisser la poche de glace, qui me réfrigère le cou et l'épaule avant de tomber à terre. Au petit matin, on retrouvera sur le lino poussiéreux, à côté de mon lit, un torchon dans une flaque d'eau.

Mardi 16 mars, sept heures

Je viens enfin de m'endormir quand une nouvelle infirmière me réveille avec le thermomètre. Des chariots roulent dans le couloir. La vieille dame a repris, un ton au-dessus, avec une énergie qui me surprend, sa litanie : « Charles ! Viens ! J'ai mal ! » Moi, je suis épuisée. A grand-peine, on parvient à me hisser en position assise. Un infirmier me cale les reins avec un deuxième oreiller. Je n'arrive pas à rester droite. Je me tasse comme une poupée de son. Et c'est dans cette position, l'estomac bloqué, que je prends mon premier petit déjeuner à l'hôpital — un thé insipide dans un bol en pyrex que j'ai les plus grandes difficultés à soulever (avez-vous déjà essayé de porter un bol brûlant à votre bouche avec une seule main ?). Au fur et à mesure que mon corps s'éveille, les douleurs renaissent. Les côtes, ce n'est rien. Il y a des gens qui font toute une affaire pour une côte cassée, je me demande pourquoi. A condition de rester immobile, de ne pas respirer trop fort... C'est la nuque, les cervicales et tout le dos qui me font mal. Si seulement je pouvais changer de position ! De la main gauche, j'essaie de déplacer un oreiller...

Franz. La dernière fois que je l'ai vu à l'hôpital, nous avons passé une bonne heure à retaper ses trois oreillers, à les ajuster — un peu plus haut, un peu plus à droite, non... Chaque fois il nous faisait signe des yeux que ça n'allait pas et, inlassablement, nous recommencions, non dans l'espoir qu'il se sentirait mieux — nous savions que c'était impossible — mais parce que cesser de faire cet effort eût été lui signifier que nous renoncions, que nous ne pouvions décidément plus rien pour lui. Une semaine avant, encore, malgré la trachéotomie qui lui avait coupé la parole et la maigreur extrême qui lui creusait les joues et faisait paraître ses pommettes proéminentes et ses yeux globuleux (lui que nous avions connu beau comme un dessin de Cocteau), une semaine avant, nous pouvions encore communiquer par écrit. Sur un cahier d'écolier, il écrivait : « Bonjour, merci, ça me fait plaisir de vous voir. » Ou « Pourriez-vous ouvrir la fenêtre ? » Et nous : « On t'aime fort... » Cette fois, nous en étions réduits à des pressions tendres de la main sur son avant-bras, son front, et à ce jeu des oreillers, patient à l'infini. Et lui, de plus en plus contrarié, tendu par la volonté de se faire comprendre et obéir, nous regardait presque férocement. Quelle énergie, quel esprit de résistance ont les mourants ! Une semaine après, Franz était mort, défiguré par le sida. Il avait vingt-neuf ans.

Deux infirmières passent me faire ma toilette avec

une cuvette d'eau et un gant en papier. Chacune s'empare d'une jambe et me savonne mécaniquement, sans excès d'attention. (Au bout de dix jours, je sortirai de là sans avoir eu les doigts de pied lavés.) J'ai du mal à engager la conversation, tant je suis sur la défensive et tant cette ronde de blouses blanches qui entrent et sortent sans frapper m'étourdit. Comment distinguer un infirmier d'un aide-soignant ? Et un aide-soignant d'un médecin ? Quelques-uns passent, entrent sans dire bonjour ni se présenter, regardent les indications au bout de mon lit, discutent entre eux en me tournant le dos, et repartent...

Un peu plus tard, Ninon vient m'apporter du linge et un bon savon, ainsi qu'un flacon d'eau de Cologne. Une longue expérience de l'hôpital (elle a été opérée de deux cancers et a souffert de graves séquelles dues à une cobaltothérapie intensive) lui a enseigné les gestes simples mais essentiels. Nous attendons que la femme de ménage ait achevé son travail indolent en passant vaguement un chiffon autour des objets sur la table et un balai autour du lit et du fauteuil. Ninon referme la porte derrière elle, pour quelques minutes de complicité, comme au temps où je lui portais du café et des croissants chauds, avant l'heure des visites, en me faisant passer pour sa sœur. Des fleurs arrivent : un bouquet rond et une grande gerbe. Où les mettre ? Ninon se met en quête, dans les couloirs, d'un vase qui n'existe pas. Elle revient avec une bouteille d'eau minérale en plastique coupée aux trois quarts de sa hauteur, et réussit à y introduire la gerbe, qui s'effondre aussitôt. Vite, une serpillière pour absorber l'eau... Nous convenons qu'elle emportera les fleurs chez elle. Mais si le séduisant éditeur qui me les a expédiées passait me voir et ne les trouvait pas ? Heureusement, il ne passera pas : c'est un homme courtois. Cette question résolue, Ninon entreprend de me nettoyer le visage avec un lait, puis de me brosser les cheveux, plaqués par la poche de glace, et où restent accrochées des brindilles de la forêt. Tout en achevant cette toilette de chat, pour me préparer à recevoir plus dignement mes parents, elle me raconte son exploration des différentes ailes de l'étage : au bout d'un couloir, elle a découvert une douche puante...

Mes parents arrivent à l'heure du déjeuner, porteurs, comme les Rois mages de la crèche, de présents symboliques destinés à me redonner vie : du miel de lavande, des petits fours aux amandes, de l'eau de Cologne. Appuyés l'un sur l'autre, comme ils me paraissent fragiles et désemparés dans cet univers artificiel ! Ils n'osent ni enlever leur manteau ni s'asseoir. Ils parlent à mi-voix et se relaient pour me toucher la main et le front et m'aider à manger. Je me fais le serment de ne jamais les laisser enfermer dans une « usine à soins » comme celle-ci. La mode, hélas, chez les gestionnaires qui nous gouvernent, est à la fermeture des hôpitaux de province de taille moyenne et à l'hyper-concentration sous prétexte d'efficacité et de rendement. Comme si l'on pouvait soigner « efficacement » des êtres humains en commençant par les déraciner et par les regrouper comme du bétail en un lieu inhumain !

A dix-neuf heures, au moment où, ma serviette étalée sur la poitrine comme un bébé, j'absorbe avec application un yaourt en pot de carton, entre François, un bouquet de fleurs des champs à la main, dans une timbale en faïence. Il a pensé à tout, comme d'habitude. Comment a-t-il su ? Je suis si heureuse, et ennuyée à la fois. Je dois être mal coiffée et j'aurais dû me poudrer le bout du nez. Lui, toujours enjoué, me trouve « un teint de pêche ». Mais il s'étonne : pourquoi m'a-t-on amenée ici, dans cette « usine » ? Pourquoi pas à la clinique du sport ? Ou à celle de la porte de Choisy, où opère le célèbre Pr Letournel ? Au fait, qui est ce Pr Végan ? Je suis incapable de répondre à ses questions et, à dire vrai, je n'arrive pas à les juger importantes. Peut-être ne sera-t-il pas nécessaire de m'opérer ? L'important, c'est cette fenêtre qu'on ne peut pas ouvrir, et c'est ce climatiseur qui dévore l'oxygène. François empoigne mon lit métallique et réussit à le déplacer de quarante centimètres vers la fenêtre. Je ne lui dis pas que les secousses m'ont fait mal.

5

La radiologie

Il est quatorze heures trente et, grâce à une bonne dose de calmant, je me suis assoupie, à demi tassée dans mes oreillers, lorsque deux individus en blouse blanche se dressent au bout de mon lit. Enfin « blanche », c'est beaucoup dire. L'un d'eux porte une blouse maculée, des cheveux de style « grunge », hirsutes, et des ongles noirs. « On vient vous chercher », m'annonce-t-il. J'écarquille les yeux.

« Pourquoi ?

— Scanner. »

Sans ménagement, ils me font passer sur un brancard. Couloirs. Ascenseur. Lumières violentes. Chocs métalliques. Nous voici au sous-sol, dans un vaste hall de gare — ou d'aéroport. Plusieurs brancards y sont déjà alignés, une vingtaine environ. Mes deux brancardiers me poussent contre le précédent, comme on pousse les caddies métalliques les uns dans les autres près de la caisse du supermarché, et m'abandonnent sans un mot. Je me recroqueville sous la couverture dans la crainte du prochain choc, celui qui va m'arriver dans le dos. Par chance, les suivants sont rangés sur une deuxième file. Il faudra un bout de temps avant qu'on colle un malade inconnu contre moi, nez à nez, souffle contre souffle...

J'examine les lieux. A l'exception d'une employée antillaise assise derrière un comptoir en formica et occupée au téléphone, personne ne veille sur nous. Personne pour répondre à un appel au secours... ou simplement à un besoin pressant. A intervalles réguliers, sur fond d'incessant brouhaha, une voix au fort accent étranger, arabe, me semble-t-il, appelle un nom. Et si c'était le mien ? Inquiets, tous les malades tendent la nuque, dans un effort surhumain pour redresser la tête et souffler : « Oui, c'est moi. » Puis, comme personne ne semble y prêter attention, les plus énergiques appellent la dame du comptoir. « Madame, s'il vous plaît, madame ! Ça fait deux heures que je suis ici, ce n'est pas moi qu'on vient d'appeler, madame ? » Sans se décourager, ils guettent, le cou tendu, l'arrivée du brancardier. « Monsieur, s'il vous plaît ! » Mais personne ne répond jamais.

Je suis une privilégiée. J'ai mes anges gardiens. Au bout d'une heure d'attente, apparaît Ninon. « Je t'ai cherchée partout ! » me dit-elle d'un ton de reproche affectueux. Comme si je savais où l'on me transportait ! Comme si l'on m'avait prévenue ! Ne me voyant pas dans ma chambre, elle a dû faire appeler la surveillante, qui ne semblait d'ailleurs au courant de rien. Elle m'a apporté des journaux, dont elle me lit les titres. Elle m'a aussi apporté deux comprimés et une petite bouteille d'eau... Tout va tout de suite beaucoup mieux. L'angoisse retombe, faisant place à des observations, des interrogations communes : mais pourquoi diable ce besoin de nous parquer comme du bétail, alors qu'« ils » savent bien qu'« ils » ne pourront prendre qu'un malade toutes les dix ou vingt minutes ? Un minimum d'organisation afin de leur éviter une fatigue, une angoisse et des souffrances supplémentaires est-il donc inconcevable ? A quoi pensent donc les nouveaux managers engagés par les hôpitaux publics ? Leur arrive-t-il seulement de faire un tour dans les couloirs et les sous-sols pour voir comment fonctionne un système conçu dans des bureaux lointains, non pour des hommes et des femmes qui souffrent mais pour de vulgaires marchandises ?

En plaisantant comme d'anciens combattants, nous évoquons le souvenir de cette salle d'attente de la « bombe au cobalt » où je l'ai accompagnée plusieurs fois. Un sous-sol déjà. « Ces gens-là » ont la manie de nous entasser au sous-sol. Et quel spectacle ! Une vraie « cour des miracles ». En arrivant, on n'en menait pas large : Ninon allait-elle devenir comme tous ces grabataires au teint cireux et à la peau collée sur les os ? Mais Ninon, « petite chèvre corse », comme elle s'appelle parfois en riant, est la vie, la gaieté mêmes : on les a eus ! On les aura...

Au bout de deux heures, on appelle enfin mon nom. Nouvelles manipulations. Froid du métal sous ma nuque et mes reins. Ordres mécaniques, lancés par des robots à la voix désincarnée dissimulés derrière des panneaux en verre fumé. Attendre, encore. Vont-ils m'oublier ici ? Non, on me ressort. On me pousse dans une salle d'attente plus petite, mais sans lumière. Une heure passe. Ninon, qui m'a attendue, part aux nouvelles. Il n'y a plus personne dans le grand hall, m'annonce-t-elle. Plus personne nulle part. « Ils » ont certainement oublié la radio du poumon, qu'on devait me faire passer aussi cet après-midi. « Ils » m'ont oubliée. Que faire ? Elle ne veut pas m'abandonner seule ici, mais nous n'allons pas non plus attendre toute la nuit. Ninon monte au dix-septième étage, pour se renseigner... Une demi-heure plus tard, elle est de retour, suivie de deux brancardiers qu'elle a interceptés au premier étage et qu'elle a réussi à convaincre — en contradiction avec tous les règlements — de venir me chercher.

Il est dix-neuf heures quand je regagne ma chambre. Trop tard pour le dîner, servi entre dix-huit et dix-huit heures trente. « Madame ! Aidez-moi ! Madame !... » clame la vieille dame à qui l'on a dû poser son plateau-repas hors d'atteinte. Je sonne pour obtenir au moins un potage ou un yaourt. « Trop tard », m'annonce la préposée, une traîne-savates revêche. Quant au bassin, que je réclame aussi, on me l'apportera « plus tard »... Or il y a urgence : j'ai déjà attendu cinq heures. Ninon s'initie donc au métier d'infirmière... et découvre avec horreur que le bassin en plastique blanc n'est pas souvent nettoyé à fond. Puis, elle repart dans les couloirs en quête de quelque nourriture, et finit par émouvoir une jeune Antillaise, qui m'apporte un plateau. Nous l'interrogeons. Elle est élève infirmière et a choisi ce métier parce que «j'aime m'occuper des gens», confie-t-elle avec une sorte de candeur.

Elle s'appelle Marie-Thérèse. Premier visage sur lequel je mets un nom. Assoiffée, je bois trois verres de la carafe d'eau trouble... et vomis mon potage. Ninon me lave le visage et part à la recherche de la gentille Marie-Thérèse.

Pendant ma longue excursion au sous-sol, un nouveau bouquet — arums et roses blanches dans un vase délicat de porcelaine couleur jade — est arrivé. On l'a placé sur la table qui sert de desserte et je me réjouis que son parfum couvre l'odeur persistante de vomi et les effluves nauséabonds de l'hôpital.

Mais dans la nuit, l'entêtant parfum des arums me fera battre les tempes et me plaindre de maux de tête encore plus violents. J'ai compris cette nuit-là pourquoi certains hôpitaux interdisent les fleurs.

6

« Un bon docteur »

Mercredi 17 mars

« Je ne peux plus supporter cet engin ! Ne peut-on l'éteindre ? Il me donne des migraines... »

Au pied de mon lit, environné d'inconnus en blouse blanche dont je ne saurai jamais le nom ni la fonction, le Pr Végan prend son air désolé et tente de m'apaiser : « On s'habitue, vous savez. » Cependant, il va voir si l'on peut déplacer encore mon lit. Il s'enquiert, aussi auprès d'un assistant, de l'état de mon poumon : pour apprendre avec chagrin que l'on a oublié, hier, de me faire une radio. Ce sera donc pour cet après-midi. Va-t-on à nouveau me descendre trois heures à l'avance au sous-sol pour rien ? Le Pr Végan paraît sincèrement surpris de ma question. Il poursuit néanmoins son inventaire. Le scanner d'hier a révélé un important hématome le long de l'utérus. Quant à l'aile iliaque, elle est fractionnée en trois endroits. Mon bassin, m'apprend-il aussi, a basculé de six centimètres. L'intervention chirurgicale serait très délicate. Mais il n'est pas sûr qu'elle soit nécessaire. « Votre hanche peut remonter toute seule, comme un bouchon... »

Comme un bouchon, vraiment ? Les prodiges de la nature ne cesseront de m'étonner. En attendant, c'est lui, le professeur, qui me donne l'impression de flotter comme un bouchon. Même si je préfère son indécision à la brutalité.

Après déjeuner, Michel passe me voir. « Désolé, je

n'ai pas pu venir plus tôt, débordé... » Il paraît très perturbé : sa sœur, m'apprend-il, est morte dimanche soir de son long cancer. Le dimanche même de mon accident. Il avait un pressentiment, ce matin-là, en chaussant les étriers. Hier, un ami, bon cavalier ou plutôt cavalier méthodique comme nous ne les aimons guère, allant « faire travailler » son cheval en manège deux fois par semaine, lèvres serrées, fesses serrées, rênes serrées et prenant toujours soin de le « chauffer » dans la carrière avant de partir en forêt, lui a dit : « Vous êtes des amateurs. On ne devrait pas vous laisser sortir ainsi en forêt... » Des amateurs ! Mais n'y a-t-il pas « aimer » dans le mot « amateur » ? Alors nous en sommes fiers. Bref instant d'affectueuse complicité. « Tout de même, me dit Michel, tu n'aurais pas dû partir comme ça et me doubler. — Mais je n'ai pas voulu te dépasser ! J'ai essayé de te prévenir, je t'ai crié : "Ralentis !" Tu n'as pas entendu. » Apparemment il n'en croit rien. Sourdement, tandis que je lui en veux d'être parti au galop sans me prévenir, il m'en veut, lui, d'avoir commis une imprudence. Il me fatigue. Je n'ai pas envie de discuter. J'ai trop mal à la tête.

Surviennent les brancardiers. Ce ne sont pas les mêmes qu'hier, mais ils sont à peine plus propres. Il est quinze heures. Je sais ce qui m'attend : deux ou trois heures dans le « parking » du sous-sol. Mais, cette fois, il y a une variante. Après m'avoir fait entrer dans une cabine, les manipulateurs m'ordonnent : « Levez-vous, madame. » Stupéfaite, je leur explique qu'il m'est impossible de me lever avec huit fractures. Quand bien même je le voudrais, je ne le pourrais pas. Ma jambe droite et ma hanche sont tétanisées — « sidérées », m'a dit le Pr Végan, c'est-à-dire à la fois insensibilisées par le choc — pas pour longtemps, hélas — et paralysées. Ne le savent-ils donc pas ? Ne leur a-t-on rien dit ? Ils s'en moquent. En bougonnant, ils me ramènent dans le hall où j'attends encore une bonne heure avant d'être introduite dans une cabine où l'on peut radiographier les poumons en position couchée, en glissant la plaque sensible, dure et froide, entre les omoplates et le brancard. Quand je remonte dans ma chambre, une bonne surprise m'attend : le Dr Van Dahaene examine tranquillement le tableau affiché au bout de mon lit. La cinquantaine râblée, le regard pénétrant sous le sourcil noir (avec son type espagnol et son nom flamand, on l'imagine en fraise et pourpoint, dans *La Leçon d'anatomie* ou *La Ronde de nuit*), le Dr Van Dahaene est un médecin généraliste installé à Asnières. Drôle d'idée, me direz-vous, quand on habite le centre de Paris, d'aller consulter régulièrement, à une heure d'embouteillage, un médecin installé dans une HLM de banlieue dont les murs ont été maculés et quelques vitres brisées par les adolescents qui jouent au foot devant la porte. Drôle d'idée d'aller attendre le retour du bon docteur en visite dans une salle d'attente exiguë, aux sièges en skaï à moitié défoncés occupés par une famille d'immigrés. Mais le Dr Van Dahaene a une qualité rare : il sait prendre son temps pour examiner, « palper » ses patients. Pas de conversation mondaine avec lui, mais un interrogatoire calme, précis, parfois surprenant (un jour que je n'arrive pas à me débarrasser d'une mauvaise toux allergique, il me demande si l'on n'a pas récemment planté dans mon quartier des peupliers d'Italie. Une autre fois, comme je me plains de brutales démangeaisons dues peut-être à la vitamine B 12 : « Vous a-t-on forcée à manger du foie de veau quand vous étiez petite fille ? Il faut toujours accorder de l'importance aux dégoûts des enfants... »). Sa consultation dure au moins quarante-cinq minutes... pour cent quarante francs. Car le Dr Van Dahaene est un sage... ou un fou. Plutôt que de se livrer au stakhanovisme pratiqué par la plupart de ses confrères — lesquels, poussés par le système du paiement à l'acte, reçoivent cinq ou six — ou dix ! — patients à l'heure —, il a choisi de se contenter d'un niveau de vie modeste. Ce qui ne l'empêche pas d'avoir l'autorité et la hauteur de vues d'un grand professeur de médecine humaniste. Le Dr Van Dahaene lit beaucoup. Et pas seulement les prospectus des laboratoires. S'il n'a ni le temps ni les moyens de se rendre à de nombreux congrès de médecine, du moins en étudie-t-il les rapports. L'histoire le passionne, aussi. A sa manière, quand il observe et raconte l'évolution de son quartier où il a vu, en trente ans, succéder aux maraîchers plusieurs couches de populations immigrées, il fait œuvre d'historien autant que de sociologue. Il est notre mémoire. La mémoire de chacun de ses patients, avec sa famille et son environnement. Comme tous mes visiteurs depuis mon accident, Van Dahaene évoque devant moi les dangers de l'équitation. Il ne veut pas seulement parler des accidents mortels, mais de tous les cavaliers paralysés à vie par un coup de pied aux cervicales ou une chute sur le dos. A quelques millimètres près, j'y passais... J'acquiesce. « Je suis une miraculée. » Malgré les douleurs dont je me plains, en dépit de l'inventaire détaillé que me dresse le Dr Van Dahaene — d'où il ressort qu'en plus de mes huit fractures j'ai plusieurs muscles et nerfs écrasés, sans compter un hématome qui sera long à se résorber (en attendant les secours en forêt j'ai perdu un litre et demi de sang) —, je continue d'avoir la sensation étrange de n'être pas tout à fait concernée. Comme si c'était d'une autre personne que l'on parlait. Une autre Christine Clerc, qui serait passée de l'autre côté du miroir, tandis que je me sens, moi qui compte les minutes dans l'attente des calmants, moi qui redoute l'arrivée de la nuit et le passage de l'infirmière du soir avec sa piqûre anticoagulante, encore assez de forces pour remonter à cheval !

Il me faudra du temps — des jours et des nuits, voire des semaines — pour prendre vraiment conscience de mon état de « polytraumatisée », c'est-à-dire d'infirme.

Jeudi 18 mars

J'arbore aujourd'hui une nouvelle tenue. Pour satisfaire le Dr Van Dahaene qui a jugé prudent de me les prescrire afin d'éviter tout risque de phlébite, je porte d'épais bas blancs « compressifs » à jarretière. Ça me donne l'air d'une bonne sœur. Mais François m'assure que c'est très « sexy »...

Le soir, je m'endors avec une poche de glace sur le ventre — prescrite, elle, par le Pr Végan —, afin de faciliter la résorption de mon hématome. A deux heures du matin, je me réveille avec le ventre froid et humide et l'envie de faire pipi. La sonnette. Où est la sonnette ? A tâtons, j'arrive à l'attraper à la tête du lit. Personne ne répond. Pourtant j'entends des pas, des voix dans le couloir. Je sonne à nouveau. Et si ma lampe rouge avait cessé de fonctionner ? Angoisse. Je m'efforce de rester calme. Ne pas sonner tout de suite, ne pas « les » indisposer à mon égard... Je me fixe une limite : si « elles » ne sont pas venues dans un quart d'heure, j'appuierai à nouveau sur le bouton. Ou bien j'appellerai à voix haute. « Elles » devraient m'entendre puisque moi je les entends. Dans la chambre voisine, la vieille dame a repris sa litanie de sa voix plaintive et forte. « Charles, viens me chercher. Charles, je veux rentrer à la maison. » J'essaie de l'imaginer : une carcasse puissante, mais qui n'arrive plus à se soulever, des cheveux blancs, des ongles trop longs, mal taillés, qui doivent accrocher les draps, quand elle s'y agrippe. « Charles, viens... » Voilà vingt minutes que j'attends. C'est un délai raisonnable. Personne ne devrait me reprocher d'avoir abusé...

A la cinquante-cinquième minute, je lâche. Mon lit est trempé. C'est alors qu'« elles » arrivent. Pas fâchées, non. Simplement lassées. « On n'est que deux, et l'une de nous doit descendre à l'étage en dessous pour faire des paperasseries... » Elles me changent mon drap, selon la technique que j'ai appris à connaître : je dois « faire le pont », soulever les reins et tenir le plus longtemps possible dans cette position douloureuse pour les laisser tirer le drap souillé et en glisser un autre, bien tendu. J'ai l'impression d'être un bébé... ou un vieillard. J'ai honte.

7

Drôles de massages

Vendredi 19 mars

Le Pr Végan hésite toujours. Il penche cependant, m'explique-t-il en balançant d'un pied sur l'autre, pour ne pas opérer mon bassin. Quant à la clavicule, on va encore attendre quelques jours. Cinquième jour. Je me suis réveillée épuisée. Vers dix heures, après le thé, la toilette et les calmants, j'éprouve un léger mieux. Je m'apprête à profiter de ce répit pour essayer de lire, quand une kinésithérapeute fait irruption dans ma chambre. Du moins est-ce moi qui suppose que cette femme brune d'une quarantaine d'années, aux cheveux coupés court et à la voix de Gavroche, est une kiné. Rien ne l'indique sur sa blouse blanche et elle-même ne se présente pas. Mais elle m'apporte une drôle de machine, sorte de longue jambière en métal qu'elle glisse sous ma jambe droite insensible. Elle appuie sur un bouton, et ma jambe se soulève avec un bruit régulier de moteur. La kiné me montre la position 2, un peu plus rapide, à adopter si cela va bien, et m'annonce qu'elle reviendra dans un quart d'heure. Quand elle revient effectivement une demi-heure plus tard, alors que je m'assoupis, elle est en pétard : elle a téléphoné à l'entreprise qui lui a posé ses fenêtres moisies, et il semble que le patron fasse des difficultés pour venir les changer gratuitement. « Pourtant, vous verriez ça, le papier bleu ciel de la chambre est tout marron autour des fenêtres ! Qui c'est qui va me payer et me remplacer les fenêtres ? Encore ma pomme ! » Je sens qu'il est important d'épouser sa colère pour m'en faire une alliée. Avec ardeur, je renchéris donc : le manque de conscience professionnelle des gens, aujourd'hui, c'est scandaleux... Du coup, elle s'attarde à mon chevet. « Et le plombier, si vous saviez ! Ma chasse d'eau... » Je roderais bien avec elle un sketch digne de Muriel Robin et Guy Bedos mais sa voix me fatigue. Je voudrais lui dire de s'en aller. Le bruit des voix, de certaines voix, surtout métalliques, résonne dans ma tête. Quand elle est enfin partie avec sa machine, je téléphone à maman : pourrait-elle prévenir Pierre — le cousin que j'adore mais qui parle toujours d'une voix si forte, si enthousiaste —, afin qu'il fasse un effort quand ils vont venir ensemble me voir demain, pour parler à voix basse ?

Tant bien que mal, se protéger. Se faire un semblant de nid. J'ai fait disposer autour de moi des objets familiers et des provisions qui me rassurent : quelques livres, des fruits, du thé, des chocolats, deux tasses à thé et même une petite bouilloire électrique pour que mes amis puissent faire chauffer de l'eau. Je décide aussi d'améliorer l'ordinaire en commandant chez un traiteur deux plateaux-repas pour mon fils Fabrice qui va venir me voir à midi et pour moi. Le petit pain frais, la salade fraîche, la bonne vinaigrette au lieu de la « salad-cream » écœurante en sachets servie à l'hôpital pour accompagner des déchets de salade trop verte qu'on dirait ramassée au rebut, tout cela me ravit. On joue à la dînette... A treize heures trente, Fabrice, me voyant m'endormir, s'est éclipsé sur la pointe des pieds, quand apparaît, un bouquet de fleurs à la main, Caroline, une jeune documentaliste qui travaille pour moi au journal. Non, non, bien sûr, elle ne me réveille pas. Quel plaisir de la voir ! Comme c'est gentil d'avoir traversé tout Paris — de s'être privée de déjeuner, peut-être. Ah, les jolies fleurs, on va appeler une infirmière pour qu'elle trouve un vase... à moins qu'une petite bouteille de Vittel vide... — mais non, pour m'éviter les odeurs, Fabrice a emporté les plateaux afin de les jeter dans une poubelle extérieure. Caroline part en quête d'une bouteille. Le temps d'installer les fleurs, il est quatorze heures trente, l'heure à laquelle j'attends la visite de Michel. Puis, si je ne passe pas à la radio aujourd'hui, viendront l'heure de la friction et l'heure de la piqûre.

Le moment le plus agréable est celui de la friction à l'essence de lavandin, une eau de Cologne citronnée. Pour éviter les escarres, deux infirmières ou infirmiers viennent me masser les fesses et les talons une fois par jour. Les premiers jours, c'étaient des inconnus, qui expédiaient leur besogne mécaniquement — je te retourne, je te frotte, « et le bouchon ? Où t'as mis le bouchon ? », au revoir, au suivant. En trois jours, j'ai pu repérer les plus sensibles — ceux qui ne me considèrent pas seulement comme un corps à manipuler, ceux que je peux séduire ou du moins intéresser.

Tiens ! aujourd'hui il est seul — « le beau Serge », comme l'appellent ses camarades en plaisantant. Des yeux de myope, des dents inégales (chez les jeunes gens beaux, on appelle ça « les dents de la chance »), la mèche rare, Serge n'est pas un Adonis. Mais il a « une bonne main ». « Vous êtes seul ? » lui dis-je un peu inquiète, pensant : « Comment va-t-il faire pour me soutenir d'une main en me massant de l'autre ? » Il sourit, de son air perpétuellement narquois dont on se demande si c'est une forme d'insolence ou de timidité. Posément, il pose son flacon d'eau de lavandin sur ma table de chevet, le débouche, s'en verse dans le creux des deux mains, soulève mon drap, qui n'est pas bordé mais posé simplement sur le bout du lit afin que je n'en ressente pas le poids sur les jambes et commence à me masser la plante des pieds. Progressivement, je me détends ; j'ai déjà moins mal au dos, une sorte de bien-être chaud me gagne. Serge remonte le long de mes mollets, de mes genoux, de mes cuisses... Puis, me prenant d'une main au creux des reins, il me fait pivoter sur le côté gauche, et, en me tenant plaquée contre lui, me frictionne les fesses.

« Ça fait du bien, hein ? » J'acquiesce. « Vous avez des

fesses de bébé Cadum.» Il me repose. La nuque, maintenant. En me soutenant le dos, il me réchauffe doucement les cervicales, doucement, plus doucement encore, les épaules. Sa main passe autour de mes seins, de mon ventre… J'ai chaud, je suis bien… La main descend dans le creux de l'aine. Va-t-il…? Non, ce serait une folie! Je devrais lui faire une remarque ironique, ou rigolarde. «Hé! Ça suffit, maintenant!» Mais de quoi aurais-je l'air, j'aurais l'air de supposer que… Et puis, je risque d'être blessante. J'ai beau me trouver en situation d'infériorité, à sa merci, je reste une privilégiée — toutes ces fleurs, ces visites le disent assez. Sans compter que quelqu'un lui a dit avoir vu ma photo «sur le journal»… Ouf, sa main s'est retirée, il rebouche maintenant le flacon, avec un sourire un peu niais.

Je vais enfin pouvoir dormir vingt minutes.

8

Cris dans la nuit

Cette nuit-là, je suis réveillée par des cris. Une dispute. Une voix de femme contre une grosse voix d'homme à l'accent africain. Que se passe-t-il ? Même ma vieille voisine s'est tue, toute l'aile ouest retient son souffle. Nous avons tous, probablement, aussi peur. Et si l'homme menaçant, un costaud, un géant, sûrement, à en juger par sa voix, allait entrer dans ma chambre, me faire tomber du lit ou me jeter un pot de fleurs à la figure ? Je suis totalement incapable de me défendre. Il n'y a rien à voler autour de moi — ni montre (je me suis fait apporter une vieille Swatch), ni sac, ni argent, ni bijoux, ni poste de radio. J'ai même renoncé à ma chaînette en or autour du cou. Il fallait l'enlever trop souvent pour les radios et puis les infirmières m'ont prévenue : « Ne gardez rien, on vole, la nuit. Et même le jour. On vole tout. » Les imprécations redoublent de violence. Pourvu qu'il n'aille pas tabasser l'infirmière ! Enfin, cela se calme. La nuit retrouve ses bruits ordinaires : ronronnement du climatiseur, ronflements, portes qui claquent, appels... « Charles !... » râle la vieille dame.

Une bonne heure plus tard, quand la garde de nuit vient changer ma poche à glace, je lui demande ce qui s'est passé. « Un ivrogne, me répond-elle. Il est arrivé en urgence avec le bras cassé à la suite d'une bagarre, et il refusait qu'on le lave. Il fallait le passer à la douche. Il puait, vous auriez vu ça ! Moi, je regrette, mais je ne soigne pas un type qui arrive avec du caca aux fesses...

— Que faites-vous dans ces cas-là ? Quand vous avez des malades violents ? Avez-vous un moyen de vous défendre ? Pouvez-vous appeler quelqu'un pour vous protéger ?

— Il y a bien des vigiles, mais ils sont au premier étage. Du premier au dix-septième, vous imaginez, on a le temps d'être égorgées. Surtout que nous ne sommes que deux. Et quand l'une de nous doit descendre pour remplir les formalités administratives, l'autre reste seule !

Il n'est pas rare, me raconte-t-elle, « surtout maintenant, avec tous les drogués qu'on nous amène »... qu'une infirmière de nuit soit agressée.

— Vous êtes-vous plaintes au directeur de l'hôpital ? Au chef de service ?

— Oh, les patrons... (elle soupire)... ce n'est pas leur problème.

Samedi 20 mars

Dès le matin, le téléphone commence à sonner. En tête de la dernière chronique que j'ai envoyée par fax au journal la veille de mon accident, *Le Figaro Magazine* a publié ces quelques lignes en caractères gras : « Après nous avoir transmis cette chronique, notre amie Christine Clerc a été victime d'un accident sérieux qui l'immobilisera pendant quelques semaines. » De nombreux amis m'appellent. Cela me touche. Mais comment répondre pendant qu'on vous fait une prise de sang ou une piqûre ou que l'on vous savonne les bras ?

De guerre lasse, je dois demander qu'on débranche mon appareil. Envisager de le brancher sur un répondeur est inconcevable : cela m'obligerait à des manipulations douloureuses et surtout ce serait admettre que je suis à l'hôpital pour longtemps. Or j'en sortirai bientôt. Je n'appartiens pas à ce monde et ne veux pas lui appartenir.

A midi, alors que le roulement des chariots et le cliquetis des plateaux dans le couloir annoncent l'arrivée du déjeuner, entrent deux infirmières, l'air guilleret.

« Allez, ma p'tite dame, on se lève ! m'annoncent-elles. Aujourd'hui, on déjeune au fauteuil ! »

J'écarquille les yeux. Me lever ? Je voudrais bien ! La nuit, souvent, je rêve que je descends de mon lit et que je m'en vais en douce... Mais comment ?

« Si, si. Vous allez voir. »

Elles me font glisser au bord du lit, comme lorsqu'on me transfère sur un brancard, et hop ! elles me soulèvent « à la cuiller » et m'assoient sur un fauteuil de skaï bleu dont le haut dossier ramène les épaules et la tête en avant — un peu comme les sièges d'avion les plus inconfortables. J'ai les oreilles qui bourdonnent, l'impression de perdre tout mon sang, mes cuisses nues collent au skaï. J'étouffe, puis je grelotte sous ma chemise en papier qui me livre au regard du premier curieux venu. Je réclame une couverture, un oreiller dans le creux des reins. Mais rien n'y fait. Je respire de plus en plus difficilement. Il m'est impossible de déjeuner dans ces conditions.

« Si, si, assurent les infirmières. Un p'tit effort. Il faut rester au fauteuil une heure. »

Elles m'abandonnent tandis que l'aide-soignante pose sur la table placée devant moi un plateau dont la seule vue m'écœure. J'essaie de repousser la table. Je tourne de l'œil. Et c'est dans cet état, à moitié nue (la couverture a glissé), livide, respirant avec difficulté et tentant en vain d'incliner mon siège qui ne s'incline pas que me trouve mon fils aîné Antoine qui vient me faire déjeuner, accompagné de sa jeune femme et de leur bébé (en principe, les visites des bébés sont interdites dans le service, mais qui s'en soucie ?).

Le premier geste d'Antoine est d'aller voir la surveillante pour demander qu'on me recouche. Mais tout le monde est parti déjeuner. Peut-être aurons-nous plus de succès en utilisant la sonnette ? « Y a personne, vient nous dire une aide-soignante. Faut attendre le retour des infirmières. »

Antoine propose de me recoucher lui-même : après

tout, il est grand et costaud, champion de karaté. Mais il ne saura pas la manière... J'ai peur qu'il me fasse mal. Finalement, un infirmier se présente. Sans enthousiasme, il déclare qu'il va voir s'il peut trouver quelqu'un pour l'aider. Quelques minutes plus tard je suis recouchée, mais je continue de lutter difficilement contre une tenace envie de vomir. Même la présence du petit Paul, tant désiré, me fatigue plutôt qu'elle ne me fait plaisir. L'enfant blond tourne autour du lit, veut à tout prix que son père le hisse dans ses bras jusqu'au « perroquet » (le petit trapèze en plastique gris, suspendu au-dessus de la tête du lit afin de permettre au malade de l'empoigner pour se redresser). Puis, quand il a attrapé le « perroquet », il pousse des cris stridents pour qu'on ne l'en arrache pas. Quand, enfin, son père déclare : « Paul, ça suffit » et le repose à terre, il s'enfuit en courant dans le couloir. Je crois qu'il ne m'a même pas reconnue.

Dimanche 21 mars

Chargés de fleurs et de chocolats, défilent des cousins, des amis. Beaucoup de mouvement, de bruit surtout, de bruit — qu'ont-ils donc à parler si fort ? En fin d'après-midi, je suis épuisée.

Ninon décide de coller une feuille sur ma porte ouverte : « Christine ne sait pas mesurer le plaisir de vous voir. Mesurez pour elle sa fatigue. Merci de ne pas rester plus de cinq minutes. » Une affiche qui suscitera beaucoup de plaisanteries (« Ai-je le temps de m'asseoir ? Oh ! là, là ! Je suis là depuis trois minutes et demie... le temps qui m'est imparti... », etc.) mais qui sera suivie, on s'en doute, de peu d'effet. Car personne n'imagine qu'un malade ne soit pas fou de joie de recevoir une visite impromptue et prolongée. Personne n'imagine qu'il ait besoin de repos. Tout le monde oublie qu'il souffre. A commencer par les médecins, qui devraient pourtant être les premiers à savoir, mais qui, parce qu'ils sont chez eux à l'hôpital, ont l'habitude de débarquer sans prévenir aussi bien après dîner que le matin à l'heure de la toilette. Après avoir avalé un bol de potage mal passé, où il m'a fallu aller à la pêche pour retirer du bout des doigts d'épaisses fibres de céleri, je m'apprête à regarder le journal télévisé lorsque paraît, en polo rouge, le Dr Filippi. Il revient du golf. Sa visite me fait plaisir : lui dont les semaines sont tellement chargées, s'infliger, en plus, le boulevard périphérique un dimanche soir !

Je ne peux, pourtant, m'empêcher de lui tracer une chronique pittoresque de la vie dans l'établissement où il a conseillé de me faire transporter depuis Fontainebleau. Filippi paraît surpris que je ne sois pas enchantée de mon séjour dans cette usine à soins où défilent pas moins de quarante-cinq mille malades par an. A l'étage où il lui arrive de venir en consultation, tout est, m'assure-t-il, très différent, beaucoup mieux que ce que je lui décris.

Vraiment ? Je me sens un peu coupable de le décevoir : il y a tant de candeur, tant de sincère gentillesse dans ses yeux gris. Mais a-t-il déjà eu affaire aux brancardiers et aux internes qui rivalisent de grossièreté ? A-t-il déjà goûté la viande nerveuse trop cuite et froide et les épinards, brunis à force d'avoir été réchauffés, que l'on sert à ses malades sans les aider à les découper ? Est-il déjà descendu au sous-sol voir comment le service de radiologie traite les patients ? Sait-il comment se passent les nuits, bruyantes, mouvementées et parfois menaçantes ?

Mon récit le laisse incrédule. Pour dissiper mes idées noires, il tourne mon lit face à Paris et le rapproche de la fenêtre bloquée. La vue n'est-elle pas superbe ? Là-bas on discerne la tour Eiffel, dans une brume rose. L'essentiel, insiste-t-il, c'est que je sois bien soignée. Ici, je suis entre « de bonnes mains ». Je veux le croire, bien entendu, même si la lenteur de la décision commence à m'étonner. Apparemment, le Pr Végan ne va pas m'opérer. Dans ces conditions, est-il nécessaire que je reste ici longtemps ? J'ai des scrupules à encombrer un lit à plus de quatre mille francs par jour.

Filippi y a pensé. Pour lui, la meilleure solution serait que, d'ici une semaine, je rentre chez moi. Il est très important, insiste-t-il, pour la poursuite de mon activité professionnelle que je puisse recevoir chez moi des personnalités politiques...

Tant de sollicitude me touche... et m'ahurit. Même si je suis impatiente de reprendre mon travail de journaliste, je ne vois pas comment je pourrais retourner vivre dans mon appartement biscornu, avec ses escaliers dans tous les sens et ses portes étroites. Y a-t-il songé ? Il faut deux personnes au moins pour me faire ma toilette ou me déplacer. Trois équipes de deux infirmières se succédant sans interruption par vingt-quatre heures, soit six salaires par mois, plus les charges. Plus une personne pour faire les courses, la cuisine, le repassage. Sans compter l'achat d'un lit avec un « perroquet » pour pouvoir m'asseoir. Un lit inclinable, évidemment. Je me suis renseignée auprès de Serge : ça coûte au bas mot vingt-cinq mille francs... Et il n'est pas sûr qu'on pourrait le passer par la porte étroite de ma chambre. Quel déménagement ! Et quelle dépense ! Dans les cent cinquante mille francs par mois. Est-il sûr que la Sécurité sociale me rembourserait cette hospitalisation à domicile ? Moi, en tout cas, je ne me vois pas avec tous ces gens chez moi. Je n'ai aucune envie de voir transformer mon appartement en hôpital. Le Dr Filippi hoche la tête. A l'évidence, il veut mon bien. Il est persuadé qu'il y va de ma carrière et de mon équilibre psychologique : je dois retourner à Saint-Germain-des-Prés, pour y recevoir des personnalités politiques. Comment lui faire comprendre que je ne désire ni rentrer chez moi dans mon état actuel — qu'il ne semble pas mesurer — ni rester dans cet hôpital inhumain ? Comment lui faire comprendre que je voudrais simplement souffrir moins et être traitée avec douceur ? Mais je n'ose insister. Je sais qu'à cause de moi, depuis une semaine, il a été souvent dérangé au téléphone. Je m'en voudrais de lui gâcher son dimanche.

Lundi 22 mars

Comme d'habitude, l'infirmière du matin m'a réveillée à sept heures avec le thermomètre. Après m'être endormie tard (j'ai voulu regarder à la télévision les résultats du premier tour des élections législatives), j'ai connu mes deux insomnies, désormais habituelles, de deux heures et quatre heures du matin, avant de trouver le sommeil à l'aube.

Dans la matinée, le Pr Végan passe prendre de mes nouvelles. Je lui relate l'incident de samedi : est-ce lui, vraiment, comme on me l'a laissé entendre, qui a ordonné qu'on me « mette au fauteuil » ? Ce supplice était-il nécessaire ? Et à quoi ? Il paraît un peu surpris et gêné. « Je suis désolé », répète-t-il. Pour me rassurer, il inscrit en rouge sur ma feuille : « Ne pas mettre debout. » Je lui fais part de mon intention de le quitter bientôt. Non qu'il ne me soit sympathique. Non qu'il ne m'inspire pas confiance. Mais les nuits ici sont trop pénibles (je montre l'engin qui ronronne toujours au-dessus de ma tête). Au reste, pourquoi creuser le trou de la Sécurité sociale en occupant une chambre à quatre mille cinq cents francs si l'on ne m'opère pas ? On m'a parlé de plusieurs centres de rééducation, la clinique des Châtaigniers près de Paris. L'« Institut ». Le professeur hoche la tête, il aimerait mieux, me dit-il, que je reste encore une semaine ici, « sous surveillance ». Il serait « plus tranquille ». Je souris. « Sous surveillance ? » Quelle surveillance ? Sait-il seulement que la nuit, dans son service, on risque de se faire agresser, et en tout cas d'attendre des soins pendant plus d'une heure ? Et que le jour, à l'heure des repas, ce n'est guère mieux ? Mais à quoi bon tenter de lui ôter ses illusions ? Il finirait par s'interroger sur ma santé mentale.

9

Une leçon de psychologie

Après déjeuner, le Dr Van Dahaene qui achève ses visites en ville passe me voir avant de rentrer à son cabinet. Nous faisons le point de la situation. Il connaît, me dit-il, une maison très bien à Versailles. Mais l'Institut lui paraît aussi une bonne solution. « Avec les militaires, j'ai confiance, ce sera bien tenu. »

Je le fais rire avec ma chronique de la vie au dix-septième étage de Gagarine quand un infirmier et une infirmière font irruption. La friction, sans doute ?

« Vous pouvez sortir, monsieur ? » lancent-ils au Dr Van Dahaene d'un ton désinvolte.

Je fais les présentations.

« Le Dr Van Dahaene est mon médecin personnel.

— Ça ne fait rien, faut qu'il sorte.

— Je suis désolée, mais il vient de loin et nous avons à parler tous les deux. »

Les deux infirmiers restent plantés là. Sous le regard amusé du Dr Van Dahaene, je mets les points sur les *i*.

« Auriez-vous la gentillesse de nous laisser quelques minutes, s'il vous plaît ? Nous avons à nous parler. Et si vous pouviez, en sortant, fermer la porte de ma chambre... »

Le lecteur comprendra ma véritable stupéfaction quand, deux heures plus tard, après avoir frappé à ma porte, apparaîtra un tout jeune homme en blouse blanche impeccable qui se présentera.

« Bonjour, madame. Je m'appelle Lionel A. Je suis

élève infirmier et je suis de garde ce soir. Si vous avez besoin de quelque chose... »

Des cheveux châtains récemment lavés et coupés. Des yeux clairs, juvéniles, qui vous regardent en face, sans insolence ni servilité. Et, sous sa blouse blanche, un jean impeccable. Lionel m'intrigue. Comment a-t-il gardé sa fraîcheur dans cet univers ? Et d'abord, qu'est-ce qui lui a fait choisir ce métier ? Volontiers, il répond à mes questions. Agé de vingt et un ans, élève infirmier en première année, il gagne mille cinq cents francs par mois. Ses parents, ouvriers, ne peuvent l'aider. Pour payer sa chambre à Aubervilliers, il travaille donc, le soir, après l'hôpital, dans une crêperie de la rue Mouffetard et rentre à minuit par le dernier métro. Il pourrait être envieux ou aigri. Nullement. « J'aime soigner les gens », me dit-il. Son rêve : créer une maison pour les personnes âgées. Il a fait un stage dans un hospice et c'était tellement triste qu'il s'est juré de faire naître un sourire sur le visage des « mamies » : en organisant une fête avec un récital de guitare et en confectionnant pour chacune d'elles, avec l'aide de copains, un cadeau... Lionel s'intéresse aussi à la politique. Il a su que j'étais journaliste et il aimerait que je lui explique : les élections. Mitterrand, Balladur, Chirac... qu'est-ce que tout cela va changer ? Chaque soir, avant d'ôter sa blouse, Lionel passera bavarder un moment. Je lui parlerai de politique. Il me parlera de la vie de l'hôpital et de la vieille dame qui a failli mourir, dans le service de gériatrie où il a effectué son précédent stage, parce qu'elle souffrait d'un fécalome* et que les infirmières disaient : « Oui, on verra cela demain... »

Serge aussi prend l'habitude de passer me voir pour bavarder. Mais tandis que Lionel reste debout et prend garde de ne jamais me fatiguer, lui s'assied ou plutôt s'affale, les jambes écartées, dans le fauteuil prévu pour les visiteurs. Difficile de lui faire comprendre sans le blesser que je n'ai pas forcément envie de prolonger la conversation.

* Bouchon qui risque de provoquer une occlusion intestinale.

Il est près de vingt et une heures. Après un journal télévisé exceptionnellement long de lendemain d'élections, je regarde une interview de Balladur. Soudain, une dame très chic surgit au pied de mon lit. A son port de tête, son maintien un peu raide, son tailleur et son sac à la Margaret Thatcher, on devine que c'est une dame d'importance. Une visite ? A cette heure-ci ? Sur le coup, je crois reconnaître une amie de mon ex-belle-mère, une joueuse de bridge de Neuilly. A moins qu'elle ne soit une amie de mes parents. Mais pourquoi à cette heure tardive ? Et sans avoir prévenu par téléphone. Que me veut-elle ? Et où est Ninon, qui était venue gentiment me faire dîner et m'aider à faire ma toilette du soir ? Serait-elle sortie dans le couloir par discrétion quand la dame est entrée ? Soudain, je comprends tout : c'est une erreur, bien sûr, et la dame va s'apercevoir qu'elle s'est trompée de chambre et de malade ! Mais non. D'un pas assuré, elle s'approche.

« On me dit que vous êtes anxieuse, commence-t-elle avec un accent britannique marqué.

— Moi ? — Je suis interloquée. — Mais... excusez-moi. Qui êtes-vous, madame ?

— Je suis la psychologue du service », déclare-t-elle en s'asseyant.

Sans autre préambule, elle entame un véritable interrogatoire : Que font mes parents ? et mon mari... ? Ah, je suis divorcée ? Mes fils ont-ils... ? Mes réponses se font de plus en plus brèves, agacées. Là-haut, Balladur parle toujours et elle m'empêche de l'écouter. Par un réflexe de courtoisie, j'ai baissé le son du téléviseur mais, pour signifier tout de même à mon étrange visiteuse qu'elle me dérange, je n'ai pas voulu couper l'image. Dans l'espoir sans doute de me détendre, elle m'interroge sur mon métier : est-ce que je voyage beaucoup ? est-ce que je rencontre beaucoup de monde ? Elle a une amie au Texas, qui est aussi journaliste. « C'est un métier très stressant »... La voilà maintenant qui entreprend de me raconter la vie d'une journaliste. Je comprends enfin où elle veut en venir : à la démonstration que, sans salle de rédaction, sans cigarettes (lui dire que je ne fume pas ? Ce serait détruire son schéma) et sans journées à cent à l'heure, je suis « en état de manque ». J'ai dû toute ma vie être ainsi, d'ailleurs, et mes pauvres enfants ont dû souffrir de cette fuite en avant. Quant à mon cheval, je soupçonne que, s'il s'est couché sur moi l'autre matin en forêt de Fontainebleau, c'est sûrement... parce que je n'avais pas allaité mon second fils !

Excédée, je finis par l'interrompre.

« Mais enfin, madame, êtes-vous consciente que lorsqu'on se trouve à l'hôpital, le principal problème c'est que l'on souffre ? Je n'ai pas d'angoisse particulière pour mon avenir, je rends même grâce au ciel tous les jours de n'être pas paralysée. Je me considère comme une miraculée. Mais j'ai mal ! Savez-vous ce que c'est que d'avoir mal, vraiment mal jour et nuit ? »

Quand j'aurai enfin réussi, non sans peine, à lui faire comprendre qu'il est inutile d'insister, et que ma courtoisie a des limites, Ninon, qui a attendu debout dans le couloir la fin de notre entretien, rentrera en l'imitant : « Sortez, madame ! » Je ne l'avais pas entendu mais, en arrivant, la dame au sac et à l'accent de « Maggie » lui a lancé, en effet, un péremptoire « Sortez ! »

Voilà ce qu'on appelle de la psychologie ! Sommes-nous tombés sur la tête pour qu'un hôpital manquant d'infirmières, de brancardiers et de chirurgiens, un hôpital où l'on ne juge pas nécessaire de rappeler au personnel soignant que la moindre des corrections, la moindre des psychologies, est de frapper avant d'entrer, de dire bonjour et de se présenter en entrant, un hôpital-usine enfin, se paie le luxe d'embaucher une psy américaine ? N'empêche, son étonnante visite nous aura valu un beau fou rire ponctué d'énormes « Aïe ! Aïe ! » dont mes côtes cassées et mes muscles fessiers écrasés garderont longtemps le souvenir.

10

« Levez-vous, madame ! »

Mardi 23 mars

« J'ai eu une bien curieuse visite hier soir. Je voulais vous la raconter... »

Le Pr Végan hausse un sourcil. En contenant difficilement mon fou rire, je lui relate l'incident de la veille. Apparemment accablé, il se prend la tête.

« Ah, mais je vois ! C'est ma psychologue américaine. Qui lui a dit de venir vous voir ? »

En tout cas, pas moi, je puis l'en assurer. Navré, le Pr Végan me promet de faire une enquête et de donner des instructions pour qu'on ne me dérange plus ainsi...

Quelques minutes après sa visite, je vois arriver un jeune homme ébouriffé, l'air mal réveillé, dont j'apprends (en l'interrogeant) qu'il est interne. Il vient me faire un bandage « Mayo-Clinic » — du nom d'une prestigieuse clinique de Rochester (Etats-Unis) — pour maintenir ma clavicule. Il sort de sa poche une bande, des ciseaux et des épingles de nourrice et se plante devant moi d'un air dubitatif, comme s'il cherchait à évaluer mes mensurations et comme s'il se demandait comment s'y prendre et par où commencer.

Enfin, il se décide à couper sa bande et me demande de m'asseoir bien droit. Cela m'est impossible. Ne pourrait-on appeler une infirmière pour l'aider ? Non, non, c'est inutile, assure-t-il. Je sens qu'il a peur d'être jugé. Il préfère se débrouiller tout seul. Tant pis pour moi ! En suant et soufflant, l'interne me passe la bande derrière le cou, puis sous le bras...

A la fin, quand il a terminé — ou renoncé à faire mieux —, je me retrouve avec un bandage qui part de l'épaule, me maintient le bras plié contre le buste, et me serre le poignet. Là-dessous, des compresses se baladent, des épingles de nourrice menacent ma nuque et mon coude. Ma clavicule cassée n'est nullement immobilisée. Je bouge l'épaule et le haut du bras. En revanche, mon poignet droit commence à me faire mal. Et ma main droite bleuit à vue d'œil.

Mercredi 24 mars

A mon grand étonnement, le Pr Végan ne prend pas la peine de vérifier le bandage de son interne. Est-ce pour éviter à ce dernier des remarques désobligeantes en ma présence ? Comble de délicatesse, bien inhabituelle en ces lieux, et qu'on aimerait voir manifester plutôt à l'égard des malades...

A quatre heures trente, « ils » reviennent. Ils, les brancardiers. « On vient vous chercher », disent-ils seulement. Le parking du sous-sol offre un tableau encore plus misérable, plus inhumain que la dernière fois. Combien sommes-nous sur nos brancards, la tête à la renverse, les yeux dans les néons, alignés et poussés sans ménagement ? A côté de moi, un homme vomit. D'une main indifférente, une blouse blanche pose près de sa tête un « haricot » (cuvette) en carton. Plus loin, la vieille femme du dix-septième étage, dont je reconnais tout de suite la voix, psalmodie, avec une force dont on ne la croirait pas capable : « J'veux faire caca... » De temps en temps, une voix au fort accent étranger appelle un nom. Et si c'était le mien ? Devrai-je crier pour me faire reconnaître ? Déjà deux heures que j'attends. Heureusement, je commence à connaître la musique. « C'est quoi ? » demande une voix amortie par un écran de verre fumé. « Poumon droit », répond l'autre. « Levez-vous, madame », m'ordonnent deux manutentionnaires. Bon, ne nous énervons pas. J'ai l'habitude, voilà trois fois que cette scène se répète. Posément, j'explique que le Pr Végan interdit qu'on me lève. Huit fractures m'en empêchent. C'est écrit en rouge sur ma pancarte. Il faut donc me radiographier couchée.

Je m'attends que les types bougonnent, puis me remettent dans le hall où je ferai la queue encore une heure. Mais ces deux-là ne veulent rien entendre. Ils vont m'empoigner sous les bras lorsque je hurle : « Ne me touchez pas ! Sortez-moi d'ici, ou je vous fais un procès... »

C'est alors qu'apparaît mon ange gardien : Thierry, mon frère cadet. Tenant sa serviette d'avocat à la main, il s'avance sur le seuil de la cabine, son regard bleu légèrement étonné. Il m'a cherchée partout, on lui a dit que j'étais peut-être en radiologie. Alors il est descendu, a traversé le hall de son pas tranquille, et le voilà.

« Thierry ! dis-je d'une voix qui s'étrangle (la psy avait raison : ils ont fini par me rendre pour de bon angoissée). Dis-leur que je m'en vais ! Ils n'ont pas le droit de me retenir ici, je vais signer une décharge. Je ne veux pas rester une minute de plus dans cet hôpital ! »

Calmement, Thierry empoigne mon chariot, et nous voilà partis à travers le hall. Formidable séquence de film ! Lui, en imperméable, et moi, couchée, en chemise de papier sous ma couverture, remontant la file des brancards, passant devant le comptoir et nous dirigeant vers les ascenseurs... pour nous envoler. Mais des pas résonnent dans notre dos. On nous rattrape. « Madame, monsieur ! » C'est l'Antillaise préposée au comptoir, qui a recouvré l'usage de la parole.

« Vous n'avez pas le droit ! Il faut rester. On a téléphoné au dix-septième étage. Le médecin a dit qu'on pouvait vous radiographier debout. »

Avec une énergie dont je ne me croyais pas capable, je me redresse.

« Le médecin ? Quel médecin a osé dire cela ? Vous n'avez pas vu ce qu'a écrit en rouge le Pr Végan sur ma pancarte ? Il a dû se tromper de malade. Ecoutez, madame, dites-lui que j'en ai par-dessus la tête et que je m'en vais, avant qu'il ne me coupe la jambe à la place de quelqu'un d'autre ! »

Je la laisse sans réplique. Nous remontons au dix-septième étage. Apparemment, le téléphone arabe a fonctionné. Un infirmier en chef, blond hirsute, nous attend sur le seuil de ma chambre. Il tente de me raisonner.

« Allez, faut pas en faire un fromage !

— Si, monsieur, j'en "fais un fromage", comme vous dites. Alors je m'en vais. Pouvez-vous appeler la surveillante et le Pr Végan, s'il vous plaît ? »

Et, comme il reste planté là, je lui lance : « Je n'ai pas envie de sortir d'ici avec trois fractures de plus, figurez-vous ! »

11

Quatre semaines ou huit mois ?

Le Pr Végan arrive immédiatement. Il sort de salle d'opération. Il est désolé. Moi aussi. Le Pr Végan et moi passons notre temps à être désolés. Un chef de clinique qui ne m'a jamais vue a cru bon, hélas, me révèle-t-il, de répondre au téléphone qu'on pouvait me mettre debout. Que je me rassure : il lui a dit ce qu'il pensait d'une telle légèreté. Et il va maintenant me faire accompagner par un infirmier du service pour veiller à ce que pareille erreur ne se reproduise pas. Aussitôt ma radio du poumon passée, on me remontera. Malgré sa touchante bonne volonté, le Pr Végan ignore visiblement la façon dont fonctionne son hôpital : l'infirmier appelé me fait savoir aussitôt qu'il ne peut pas quitter le service. Quant aux brancardiers, ils n'ont pas le droit d'attendre un malade au sous-sol. Ils ne répondent qu'au bip-bip du « pool » centralisé.

Je n'échapperai donc pas à une nouvelle attente, pendant laquelle, tout penauds, les manipulateurs viendront m'expliquer qu'ils n'y peuvent rien si les pancartes sont incomplètes ou illisibles. « C'est aux internes de les remplir correctement... » Ah, cet interne ! Et ce chef de clinique qui s'est permis de disposer de moi comme d'un vulgaire paquet ! Si je les tenais ! Mais qu'importe. C'est décidé, je pars demain. *Viva la liberta !*

Chère liberté ! Chèrement gagnée. Pas moins de six heures d'attente pour une seule radio du poumon, c'est un record ! Cela me laisse tout loisir de méditer sur le rôle des chefs de service. Ces mandarins que l'on dit encore tout-puissants puisque, nommés jusqu'à soixante-cinq ans, ils n'ont à rendre de comptes à personne, seraient-ils en réalité prisonniers d'un système qui leur ôte tout pouvoir réel de décision — à commencer par celui de choisir leur équipe et de renvoyer les incapables ? Le pouvoir donné aux directeurs financiers, la normalisation des soins — par le système des « références médicales opposables » — ont resserré l'étau, dans le secteur public comme dans le privé. Pourtant, il existe des « patrons » qui se comportent en vrais chefs d'entreprise. J'ai rencontré récemment le Pr Bernard Debré, chef du service d'urologie à l'hôpital Cochin, devenu célèbre depuis qu'il a opéré François Mitterrand. Dans un décor rose pimpant, le fils de l'ancien Premier ministre du général de Gaulle, médecin très politique (il est député RPR) de quarante-neuf ans, m'a raconté comment il avait fait de son service l'un des plus « performants » de l'Assistance publique : en déclarant la guerre au gaspillage (interdiction d'utiliser le téléphone pour ses conversations personnelles, interdiction de refaire des examens radiologiques sauf pour motif sérieux, etc.) ; en multipliant par dix le nombre de consultations et par deux et demi le nombre d'interventions annuelles (elles sont passées, sous sa direction, de cent à deux cent cinquante) ; et surtout en faisant de son équipe l'une des plus attractives pour les jeunes internes de talent et les infirmières les plus compétentes. Chaque année, ce patron de choc, exigeant mais qui se veut convivial, emmène ses collaborateurs en voyage. Pas en voyage d'agrément ! Ensemble, ils vont opérer et donner des cours au Gabon, en Côte-d'Ivoire ou au Viêt-nam. Mais cela crée des souvenirs et une formidable solidarité. Après m'avoir cité quelques chiffres (« Un malade en chirurgie coûte en moyenne 28 000 francs, chez moi il n'en coûte que 14 000 »), le Pr Debré m'a montré la brochure qu'il a fait éditer sur sa « clinique urologique ». Présentation de son équipe avec photos de la surveillante générale et des assistants, indications sur la façon de rencontrer les médecins ainsi que sur les formalités d'admission et de sortie, mais aussi les téléphones utiles et le service des repas... Un vrai prospectus d'hôtel! D'ailleurs, m'a annoncé fièrement Bernard Debré, « l'an prochain j'aurai des hôtesses et un portier pour porter les bagages ! »

Comment finance-t-il tout cela? Grâce à son plan d'économies mais aussi avec l'aide de laboratoires et d'entreprises. Je me souviens qu'au cours de cet entretien nous avons évoqué la réforme hospitalière de 1958 due à son grand-père, l'illustre Pr Debré (pédiatre): il s'agissait d'attirer les médecins et leur clientèle à l'hôpital en leur permettant d'y créer un service privé. « Cela a provoqué une embellie... puis la situation s'est dégradée. Savez-vous qu'il y a aujourd'hui dans nos hôpitaux trois cent cinquante postes de chefs de service vacants? Et trois cent cinquante postes occupés par des médecins étrangers sans diplôme? »

Selon le Pr Debré, dont les thèses ont été largement reprises ensuite par le gouvernement d'Edouard Balladur, « il faudrait fermer environ un tiers des hôpitaux publics en France ». Il m'a cité Saint-Etienne, Brest, Limoges, Clermont-Ferrand, Châtellerault, etc., parlé de « CHU sans étudiants », d'équipements inutilisés, de « gabegie ». « Songez que Saint-Etienne est à soixante-quinze kilomètres seulement de Lyon, où se trouvent les meilleurs hôpitaux... ! »

Je hochais la tête: sans doute avait-il raison. Aujourd'hui, je n'en suis plus si sûre. Je comprends la peur qu'ont les gens d'être transplantés dans de grands centres hospitaliers « régionaux », et la vigueur avec laquelle, partout en France, ils se mobilisent pour défendre « leur » hôpital, proche de chez eux, comme ils ont défendu hier « leur » école. Halte à la concentration! veulent-ils ainsi signifier. Nous ne voulons pas d'un univers à la Ceaucescu!

Quand on me remonte dans ma chambre à vingt heures, il est trop tard, bien entendu, pour demander à dîner. Mais je m'en moque, de leur dîner. Je suis bien trop joyeuse à l'idée de les quitter. Tellement joyeuse, après ma colère de cet après-midi, qu'une grande chaleur m'envahit. Miracle ! Je n'ai plus mal. On ne dira jamais assez les effets bienfaisants d'un « coup de sang ». Rien de tel pour activer la circulation, chauffer les muscles et faire oublier les douleurs !

Quand François me téléphone, en sortant du bureau, il me trouve d'une gaieté communicative.

« Qu'est-ce qui te ferait plaisir ? demande-t-il. Que veux-tu que je t'apporte ? »

Je lui commande du saumon fumé et de la vodka. Et ce soir-là, en trinquant gaiement pour la dernière fois avant plusieurs mois, je me crois ressuscitée.

Mercredi 24 mars

Il y a une grande douceur, que je souhaite à tous les malades de connaître : c'est de découvrir dans l'adversité combien l'on est aimé. J'ai la chance d'avoir une famille très unie. Des hommes, des femmes que je prenais pour de simples relations professionnelles se sont révélés de merveilleux amis. Des cousines, des amies sont devenues de véritables sœurs. Ainsi, depuis quelques jours, plus ou moins à mon insu, deux ou trois de mes « anges gardiens » ont entrepris des démarches pour me faire transférer à l'Institut. Il s'agit d'un hôpital militaire spécialisé dans la rééducation des grands blessés. Outre une veuve de maréchal et quelques généraux à la retraite, l'Institut accueille les blessés de Sarajevo et de jeunes appelés victimes d'accident mais aussi, depuis quelques années, environ 60 pour cent de civils. Lors de notre « chevauchée fantastique » avec mon frère Thierry à travers les étages de l'hôpital, je m'en suis souvenue. Au réveil, j'appelle donc, sur la recommandation de mes amis, le médecin colonel de l'Institut. Il ne peut m'accueillir aujourd'hui, mais une chambre sera disponible vendredi. Elle sera prête dès le matin. Il m'attend à neuf heures trente. Comment m'y rendre ? Le médecin colonel me donne le numéro de téléphone des ambulances de la Croix-Rouge, me recommande d'arriver nantie de mon dossier, puis raccroche non sans m'avoir présenté ses respects. Le ton est bref, militaire, mais courtois et précis : on devine un chef qui sait se faire obéir, une maison bien organisée. Cela me rassure et me donne le courage d'affronter encore deux nuits dans cet hôpital où je m'étais juré de ne pas passer une heure de plus.

Jeudi 25 mars

En fin d'après-midi, Serge et Lionel — l'infirmier et l'élève infirmier — passent me dire au revoir. Le premier m'annonce avec beaucoup d'assurance qu'il me rendra visite à mon nouvel hôpital dès son prochain jour de repos. Quelque chose me dit pourtant qu'il ne viendra pas. Quant au second, il me donne son numéro de téléphone — « Mais, ajoute-t-il, rêveur, je suis sûr que vous m'oublierez... » Il se trompe : je ne l'oublierai pas et nous nous reverrons. En quelques jours, il m'est devenu plus proche que bien des gens que je fréquente depuis vingt ans.

A son tour, le Pr Végan vient me faire ses dernières recommandations. Selon lui, je devrais être rétablie en « quatre semaines pour le haut et six semaines pour le bas ». Six semaines ! Encore six semaines, quarante-trois nuits d'hôpital ! Cela me paraît une éternité. J'ignore que le Pr Végan a ajouté dans le couloir : « Mais il risque d'y avoir des complications »... J'ignore que huit mois me seront en fait nécessaires pour retrouver une vie normale.

Vendredi 26 mars

A neuf heures pile, l'heure convenue, ils se présentent : un jeune homme blond aux cheveux coupés ras et au sourire très doux, une femme d'âge mûr, maternelle. Mes deux ambulanciers. A la place de la chemise de nuit de l'Assistance publique, en papier jaune, on m'a passé ce matin une chemise d'homme assez large pour être enfilée sans trop de difficulté. Je suis impatiente de partir. Mais mon dossier, que j'avais pourtant réclamé quarante-huit heures à l'avance, n'est pas prêt. Nous attendons. Pour gagner du temps, le jeune ambulancier descend mon sac de voyage et en profite pour repérer les passages difficiles pour le brancard. Quand il remonte, je n'ai toujours pas mon dossier. La surveillante du service, que je n'ai pas vue une fois en dix jours, a-t-elle seulement été avertie de mon départ ? Oui, mais elle est « occupée ». A dix heures trente enfin, nantis de mon dossier, les deux ambulanciers — qui n'ont pas perdu le sourire malgré cette attente — m'embarquent avec douceur. Pour éviter de me faire souffrir, ils ont réfléchi à l'avance à un itinéraire sans pavé. Tant de prévenance m'émeut. Je leur en garderai à tous deux une reconnaissance affectueuse.

Mme Lanier a pris le volant tandis qu'Olivier, le plus jeune, s'est assis à côté de moi. Pendant tout le trajet, il m'interroge sur la situation politique : que penser du nouveau Premier ministre, Edouard Balladur ? Il a l'air d'un homme sérieux, sincère et honnête. Peut-on espérer qu'il ne fera pas tout, comme les autres, pour comprimer les dépenses de santé ?

Sans trop de conviction, j'essaie de le rassurer, d'une voix empâtée. On m'a administré un calmant de plus pour mieux supporter le voyage et la tête me tourne un peu. Pas assez, pourtant, pour que je ne remarque pas les voitures qui s'obstinent à talonner l'ambulance. Un coup de frein brusque et j'aurais les chevilles brisées, les jambes enfoncées dans le bassin ; rien ne protège des chocs un blessé transporté en ambulance, pas le moindre coffre arrière. Je ne suis pas grande et cependant mes pieds sont presque au contact de la portière arrière, que menacent d'enfoncer les chauffards impatients ou sadiques. Par chance, la conductrice évite toute accélération et tout ralentissement brutal et réussit à aborder ses virages sans m'infliger la moindre secousse. Enfin, nous nous arrêtons devant un bâtiment en pierre de taille. Pour éviter que je prenne froid, Mme Lanier a approché son véhicule le plus près possible de la porte d'entrée. Il n'y a que deux mètres à franchir. L'air frais de mars me fouette le visage. Je l'aspire avec gratitude, aussi profondément que me le permettent mes côtes cassées. De l'air! Enfin, de l'air pur!

12

Troisième hôpital

Nous entrons. La tête en arrière, j'aperçois d'abord le plafond du hall, puis les murs. Il y a du bois, des armures, des gravures anciennes. Cela ressemble plus à un hôtel ou à un musée qu'à un hôpital. A la sortie de l'ascenseur, au premier étage, une dame blonde, très souriante, m'accueille. Elle se présente : Mme Dansette, la surveillante du service, et nous précède jusqu'à ma chambre. Une petite chambre, plus petite qu'à l'hôpital Gagarine, mais beaucoup plus chaleureuse. D'abord elle n'est pas carrée comme un cube. A l'entrée, un espace coudé d'où l'on n'aperçoit que le pied du lit préserve le malade des regards importuns et lui laisse le temps de se ressaisir à l'arrivée de ses visiteurs. Les murs sont de couleur rose saumon. En face du lit, un meuble en bois verni peut faire office à la fois de desserte et de bibliothèque. Je vais pouvoir me faire apporter des livres ! Mais le plus merveilleux, c'est la fenêtre : une vraie fenêtre, à carreaux, ouvrant sur une cour intérieure avec un arbre. Une fenêtre que l'on peut ouvrir ! « Mon Dieu, mon Dieu, la vie est là... »

L'enchantement se poursuit avec l'arrivée d'une diététicienne qui frappe à la porte, se présente et me remet une liste des menus de la semaine avec pour chaque plat une option : cervelas ou carottes râpées, poisson ou lapin provençale, mousse au chocolat ou salade de fruits, etc. Il me semble qu'ainsi choisis et attendus, les repas se transformeront en moments de détente, sinon de plaisir.

En attendant, malgré mon désir de rassurer maman, qui a fait tout spécialement le voyage en train depuis Le Havre pour m'accueillir et jouer son rôle favori, celui de mère poule inquiète et tendre, je peux à peine toucher au premier déjeuner qui m'est servi. Je suis trop fatiguée et j'ai mal dans toutes les positions. Le jeu des oreillers recommence. Maman m'a apporté un coussin gonflable en forme de boudin, conçu spécialement pour les reins. Il me soulage quelques minutes le dos, que je n'arrive plus à tenir droit, puis la douleur repart de plus haut. J'ai l'impression d'être une marionnette qu'une main invisible et sadique actionnerait de haut en bas et de bas en haut à l'aide non pas d'une ficelle mais d'un fil barbelé. Allongée, ce n'est guère mieux. Tous les oreillers sont trop volumineux pour ma nuque. Et si l'on enlève tout, le poids de ma tête tire cruellement sur les cervicales. Ma cousine Nicole, femme d'action attentive et efficace qui va se charger quotidiennement de faire laver et repasser mon linge, fait une expédition dans un magasin pour bébés. Elle en rapporte un petit oreiller rectangulaire très doux et presque plat, qui m'apporte un soulagement momentané. Entre-temps, le chef de service, le Dr Folon, est venu me saluer. C'est un Méridional faussement froid, au regard curieux sous ses lunettes rondes et aux bras lisses musclés et bronzés sous la blouse blanche à manches courtes. Il m'examine. Le contact de ses bras contre mon dos, qu'il maintient avec autorité, puis de ses mains sèches sur mes mollets et la plante de mes pieds, dont il évalue les réflexes, a quelque chose de rassurant. Je pense à ce que me disait récemment le célèbre chirurgien du cœur Christian Cabrol : « La médecine d'aujourd'hui est devenue trop technique. Les médecins ne touchent plus leurs malades. C'est pour cela que tant de gens vont voir des rebouteux. Car ils ont besoin d'être "palpés"... » A part l'infirmier qui me frictionnait à l'essence de lavandin, personne, à l'hôpital Gagarine, n'a établi ainsi avec moi un contact physique. Ni les médecins qui ont tourné autour de mes radios et de mes graphiques, ni même la kiné, qui s'est contentée de me laisser en tête à tête avec une machine...

Le Dr Folon appelle Carole, une fille blonde, vive et rieuse, qui semble être son infirmière de confiance, et lui explique mon cas et les précautions à prendre : par exemple, il faudra toujours me placer un oreiller entre les genoux pour me tourner sur le côté afin d'éviter tout déplacement de ma hanche. Avec son aide, il m'ôte le bandage fantaisiste de l'interne de l'hôpital Gagarine. Leur silence à tous deux, tandis qu'ils enroulent la bande et déposent une à une les épingles de nourrice qui me blessaient le cou et le bras, est éloquent. Ma main droite est gonflée et très bleue. Je me demande ce qu'elle serait devenue si on l'avait laissée comprimée ainsi quelques heures de plus...

Quelques minutes plus tard, le Dr Folon revient avec un homme en blouse blanche qu'il me présente comme « notre prothésiste, monsieur Martinez ». Homme jovial et inventif, M. Martinez est capable, je le découvrirai plus tard en lui rendant visite à son atelier, de reconstituer un corps humain entier en plastique, en bois et en cuir. Il m'apporte une sorte de harnais en mousse rose et deux ou trois coussins de formes diverses. Les deux hommes me déshabillent à nouveau et m'essaient le harnais destiné, m'expliquent-ils, à maintenir solidement mon épaule pour que ma clavicule se ressoude. C'est important car, en dix jours, elle risque de s'être déplacée. On n'a déjà que trop tardé... Le harnais ne me va pas. La partie supérieure appuie sur ma nuque, ce qui provoque des maux de tête immédiats, et les sangles latérales sont trop larges : elles me scient le dessous des bras. Qu'à cela ne tienne ! La maison semble avoir les moyens. On m'en confectionnera un sur mesure. En attendant, Folon et Martinez me redressent le dos et m'enveloppent l'épaule d'un bandage très serré. Il m'empêche presque de respirer, mais j'ai l'impression d'être maintenue. Je suis un peu moins « une poupée de son »... Un coussin incurvé — en forme de haricot qui me prend la taille — me procure la même rassurante sensation. Bien qu'épuisée par toutes ces manipulations, je suis convaincue qu'entre de pareilles mains je vais me rétablir très vite. D'autant que les infirmières de l'après-midi rivalisent de prévenances avec celles du matin.

Je finis par me demander si je bénéficie d'un traitement de faveur : « Sont-elles vraiment ainsi avec tous leurs patients ? Ou bien les aurait-on terrorisées en les prévenant que j'étais journaliste ? »

Le soir venu, hélas, tout redevient aussi noir qu'avant. N'ayant pas reçu d'instructions particulières, l'infirmière de nuit a cru bon en effet de me laisser, une fois couchée, la prothèse destinée à me soutenir la taille en position assise. Mes explications, mes efforts désespérés pour me débarrasser moi-même de cet instrument de torture, rien n'y fera. Jusqu'au petit matin et à l'arrivée d'une infirmière de jour moins soumise à la discipline militaire, je soutiendrai un combat perdu d'avance contre d'insoutenables brûlures dans les reins, suivies d'élancements jusqu'à la nuque.

Pourquoi ne me suis-je pas alors révoltée ? Pourquoi les malades ne se révoltent-ils pas plus souvent ? Parce qu'ils n'en ont pas la force, évidemment : le moindre effort leur est douloureux. Parce qu'ils ont honte de paraître trop « douillets ». Et parce qu'ils craignent toujours, plus ou moins consciemment, de s'attirer une forme de représailles.

13

Les infirmières en première ligne

Samedi 27 mars

En fin de matinée, lorsque le Dr Folon passe me voir, il me surprend en train d'essayer, devant un petit miroir à main, d'« arranger » ma coiffure. Vainement. Voilà quinze jours que mes cheveux n'ont pas été lavés. La chute en forêt, les médicaments, la position couchée et les poussées de fièvre n'ont rien arrangé. Le shampooing sec destiné à leur rendre un peu de « gonflant » n'a fait que leur donner un aspect encore plus terne et cassant.

« Cela vous ferait-il plaisir qu'on vous fasse un shampooing ? me propose-t-il. Je vais l'inscrire sur votre feuille pour demain dimanche. »

Des cheveux propres, lisses et doux ! Je lui suis tellement reconnaissante de ce cadeau que j'en oublie ma nuit d'horreur et mes récriminations contre la discipline militaire. Au reste, tout le monde, ici, est charmant et compétent. Il ne se passe pas cinq minutes, quand on sonne, pour qu'un infirmier ou une infirmière apparaisse, le sourire aux lèvres... Comment fait le Dr Folon ? Quel est le secret de son service ? Les infirmières sont-elles mieux payées, plus nombreuses qu'à l'Assistance publique ? Ma question le flatte. Il s'adosse à l'encoignure de la fenêtre, les bras croisés, pour y répondre.

« Je suis marin, me dit-il, et sur un voilier, qu'est-ce qui est le plus important ? Ce n'est pas le mât, ni la voile : c'est la quille. Je me suis interrogé sur ce qui était le plus important à l'hôpital : la quille, ce sont les infirmières. Trop souvent, les médecins les laissent à l'écart de leurs décisions. Tout juste s'ils leur adressent la parole. Ici, on les associe, on les responsabilise... »

N'empêche, Suzy rechigne. Suzy, une trentaine d'années, l'allure un peu raide d'une nonne en blouse blanche, est l'infirmière que le Dr Folon a appelée pour lui demander de me faire un shampooing demain. « Un dimanche ! soupire-t-elle. Vous savez bien qu'il faut être au moins trois. Et ça prend près d'une heure, un shampooing... Or le dimanche, nous sommes moins nombreux... »

Apparemment, le Dr Folon a l'habitude : Suzy bougonne souvent, pour le principe, et aussi parce qu'elle a spécialement mal au dos (à force de se pencher pour soulever les malades, toutes les infirmières souffrent de leurs vertèbres). Mais elle a un cœur en or et une conscience professionnelle scrupuleuse. Avec elle, on peut être tranquille, ce sera fait et bien fait. Simplement, avant de me quitter, elle me dit : « Je vous préviens, ça va vous faire mal. »

Dimanche 28 mars

Aussitôt mon petit déjeuner pris, avant que l'on change mes draps et que l'on me passe un tee-shirt propre géant (j'ai jeté mon dévolu sur la plus grande taille d'un modèle pour routier de chez « Tati », le seul ouvert sur le devant, ce qui permet aux infirmières de me l'enfiler sans trop de peine par-dessus mon harnais), ils font irruption à quatre dans ma chambre, l'air goguenard. Les deux infirmiers démontent la tête de mon lit et posent une cuvette par terre, pour recueillir l'eau savonneuse. Puis, tandis qu'ils me maintiennent solidement la nuque de leurs mains entrecroisées, une infirmière me déverse de l'eau chaude sur la tête, une autre me fait le shampooing. Lorsque l'opération est terminée, la chambre est transformée en piscine et, comme me l'avait annoncé Suzy, j'ai effectivement plus mal au dos. Mais ce ruissellement d'eau m'a donné autant de joie que ma première grande bouffée d'air à la sortie de l'hôpital Gagarine. « La prochaine fois, m'annoncent mes quatre infirmiers, trempés des pieds aux avant-bras, on vous donnera un bain. » Un bain ? Oui, m'expliquent-ils, il existe des baignoires gonflables, posées sur des tréteaux à roulettes, et que l'on peut placer à la hauteur du lit... J'ai un peu de mal à l'imaginer, mais la perspective d'être complètement immergée dans l'eau chaude m'apparaît comme le comble de la béatitude. L'air et l'eau : les bien-portants savent-ils à quel point ces deux éléments naturels, si banals pour eux, peuvent paraître miraculeux à un malade ? Savent-ils que prendre une simple douche, courir sous la pluie — oui, courir sous la pluie — sont des gestes qui peuvent faire rêver un handicapé ?

Il est dix heures trente ce dimanche matin. Mes cheveux sont secs. Frictionnée à l'eau de Cologne, je me sens revigorée et l'effet des calmants du matin n'est pas encore dissipé. Je dispose d'une heure, probablement sans visite, avant le déjeuner. Je fais l'inspection de mon petit univers : à ma gauche, sur la table de chevet, mon eau de Cologne, mon miroir, mon petit poste de radio et le téléphone portable léger qu'un ami m'a apporté hier pour remplacer l'appareil trop lourd que je ne pouvais ni atteindre ni manipuler de la main droite. Il est très important — j'y veille avec inquiétude — que tous ces objets soient remis par la femme de ménage à leur place exacte, juste à portée de main, sinon je me sens comme un coléoptère sur le dos. La sonnette aussi est un souci. Chaque fois qu'elles me font ma toilette ou une friction, les infirmières l'écartent du lit. Je dois penser à leur demander, avant qu'elles sortent, de la fixer à nouveau sur mon drap avec du sparadrap. Une fois j'ai oublié de le faire et je ne retrouvais pas le numéro du standard téléphonique de l'hôpital pour lui demander de joindre l'infirmière de garde... ! Contre la table de chevet, s'ouvre le placard où l'on a rangé mon linge. Là, tout doit rester à portée de mon regard afin que je puisse désigner ce dont j'ai besoin. De même que la tasse à thé doit être posée sur la desserte toujours au même endroit pour que l'aide-soignante qui apporte mon bol du matin la trouve facilement. Je suis habituellement ordonnée, mais quinze jours d'hospitalisation m'ont rendue maniaque : si l'on oublie quelque chose, lorsqu'on est entièrement dépendant des autres, la punition est immédiate ; il faut attendre le prochain passage d'une infirmière — pour cause de soins ou de piqûre — ou se décider à sonner... au risque d'importuner un personnel débordé et qui finira vite par vous considérer comme une patiente... capricieuse. Dilemme : puis-je sonner pour demander un des livres rangés devant moi, dans la bibliothèque ? J'en ai très envie. Voilà quinze jours que je n'ai rien lu, en dehors des titres des journaux que mon cousin Pierre, ambassadeur à la retraite, se fait un devoir de m'apporter ponctuellement tous les matins à neuf heures. Mais je sais qu'« elles » — les infirmières — n'ont pas terminé les toilettes du matin. Alors, les déranger pour un livre... Je finis par sonner pour réclamer le bassin. Et j'en profite pour demander *Du côté de Guermantes*, le premier à gauche, là, sur l'étagère du milieu. Lorsque j'ai vu en arrivant cette bibliothèque vide, j'ai pris aussitôt une résolution : j'allais profiter de tout ce repos forcé pour parfaire ma culture. Je ne doutais pas un instant que j'aurais amplement le temps de lire *A la recherche du temps perdu*, maintenant alignée en livres de poche à hauteur de mes yeux. Une terrible déconvenue m'attendait : lorsque j'ouvre enfin mon livre, avec gourmandise, je ne vois qu'un brouillard de mots. Serait-ce que la préface est imprimée en caractères italiques illisibles ? Mais non. Je tourne les pages, et c'est toujours illisible. Il faut me rendre à l'évidence : ma vue a baissé. Et moi qui, voilà un mois encore, pouvais lire *Le Monde* le soir à l'arrière des taxis avec pour seul éclairage celui des phares et des réverbères ! Serait-ce le choc ? La fatigue ? Et si cela allait durer ? S'aggraver ? Non, ce n'est pas possible ! Je ne vais pas me laisser transformer en « légume » ! Quinze jours déjà, et je n'ai rien fait. Ni lu ni écrit. Si je ne réagis pas, mon cerveau va devenir comme mes jambes, qui ont déjà fondu : de la chair molle.

14

Résister

J'ai toujours été convaincue que le cerveau était un muscle comme les autres : plus on le fait travailler, et plus il se développe et travaille facilement. A l'inverse, si on se laisse aller à la paresse, on devient comme ces gens qui, une fois leurs études terminées, n'ont plus pensé qu'à gagner de l'argent et soigner leur silhouette : leurs capacités intellectuelles se réduisent au point que leur cerveau devient... un petit pois ! Voilà ce qui me menace. « Si tu ne retravailles pas maintenant, me répète une voix intérieure pressante, il sera trop tard : tu te laisseras submerger par la douleur, la fatigue et l'obsession des détails — la place de la tasse de thé. Tu deviendras une "chose" — leur chose — et tu ne seras plus capable d'écrire. » C'est dit. Dès demain, j'aurai, sur la table roulante où l'on pose les plateaux-repas, un cahier de notes et un stylo feutre. Mais comment écrire sans déplacer l'épaule droite ? En gardant le coude fixe et en calant bien le cahier, debout sur ma cuisse droite, en appui sur le rebord de la table, ce devrait être possible...

Mon premier visiteur de l'après-midi est le Dr Van Dahaene. Il n'a pas eu le temps, s'excuse-t-il, de passer dans la semaine : depuis que, sur ordre du nouveau ministre de l'Intérieur Charles Pasqua, la police a ouvert la chasse aux petits dealers, la tension dans sa banlieue a monté de trois crans : les médecins sont débordés de demandes de toxicomanes en état de manque, un pharmacien a même été agressé... Comme s'il avait besoin de s'excuser! Qu'il ait déjà trouvé le temps de venir me voir deux fois à l'hôpital m'emplit de gratitude.

Sa première question concerne mes yeux: « Comment vont-ils? » Diable d'homme! Comment a-t-il deviné? Les vertiges et la vue brouillée, m'explique-t-il, sont aussi fréquents après un traumatisme crânien que les maux de tête. D'ailleurs, je ne fais là que rattraper la moyenne des gens de ma génération: dès quarante ans, la plupart doivent porter des lunettes... Des lunettes? Et puis quoi encore? Et si j'allais aussi perdre la mémoire? Déjà, certains détails de ma première hospitalisation se perdent dans le brouillard... Pour la mémoire, je dois me rassurer: elle reviendra, elle revient déjà pour tout ce qui est antérieur à mon accident. Pour les yeux, c'est moins sûr. Dès demain, en attendant d'aller consulter un ophtalmologue, je choisirai une paire de lunettes « demi-lunes » sur un lot apporté d'une pharmacie. Au bout de quelques jours, devenues indispensables, elles auront trouvé leur place sur la précieuse table, à côté du bloc et du stylo.

Quand le Dr Van Dahaene me quitte, le soleil a envahi ma chambre. Les calmants du déjeuner font leur effet. Je sonne pour qu'on m'enlève mon gros oreiller, celui qui me maintient les reins, et je m'apprête à m'endormir en rêvant que je suis sur une plage... lorsque, les bras chargés de confitures, des cousins qui n'avaient pas annoncé leur visite entrent sur les talons d'une infirmière. « Quelle bonne surprise!... » Le défilé ne cesse pas jusqu'au dîner — servi, le dimanche soir, encore plus tôt que d'ordinaire, à dix-huit heures trente.

Cette nuit-là, énervée et fatiguée, j'ai du mal à trouver le sommeil. Je commence à être obsédée par l'idée que je ne m'appartiens plus, que je n'ai plus une minute à moi. Entre la toilette, les soins, les massages du matin, les séances de kinésithérapie de l'après-midi et les visites — sans compter les coups de téléphone —, que me reste-t-il? Ce n'est qu'à partir de vingt heures trente, après avoir regardé le journal télévisé, que je peux commencer à lire et, tout simplement, à réfléchir... Or, si je prends mon somnifère trop tard, il n'agit qu'au petit matin... Il va falloir m'organiser, dégager du temps en demandant par exemple que ma toilette soit effectuée plus tôt — dès huit heures trente — et en incitant ceux de mes visiteurs qui ont la délicatesse de téléphoner pour s'annoncer à ne pas venir avant dix-huit heures...

A deux heures du matin, je suis réveillée par mes habituelles douleurs dans le dos et par d'atroces brûlures au talon droit. Curieusement, ce n'est pas la peau qui est irritée par le contact prolongé du drap, c'est l'os lui-même qui me semble atteint, rongé en profondeur. Par chance, c'est l'un de mes infirmiers préférés qui est de garde, Antonio, un médecin mexicain qui a dû fuir son pays. Ses deux mains gantées de caoutchouc — il vient probablement d'administrer des soins à un blessé —, il arrive aussitôt que j'ai sonné et allume, non pas le plafonnier qui blesse les yeux de sa cruelle lumière blanche, mais une lampe latérale, plus tamisée. Il ne demande pas « C'est pour quoi ? » ou « Le bassin ? » mais s'avance vers moi les mains tendues, presque jointes, en un geste d'offrande — ou de prière. Jamais je n'oublierai ce geste, quasi magique. Antonio a tout deviné sans que j'aie besoin de lui donner d'explications. Il me prend la main entre les siennes, la presse avec tendresse comme pour dire « Ne vous inquiétez pas, je suis là ». Puis il dégage mon drap et ma couverture, qui me donnent l'impression de peser trois tonnes : au lieu de les faire passer par-dessus le montant du lit, pour empêcher qu'ils reposent sur ma jambe et mon pied, l'infirmière du soir les avait normalement bordés, sans que j'y prête attention sur le moment. Avec douceur, Antonio écarte ensuite ma jambe droite, que je suis incapable de déplacer seule. Puis il me masse le talon à la Biafine — la pommade de bébé avec laquelle on me masse tous les soirs les fesses et les talons. Ensuite, il m'ôte mon harnais, me frictionne les épaules et la nuque à l'eau de Cologne et trouve tout naturellement le point le plus douloureux, sous l'omoplate. Tant de compréhension — de sympathie, au sens littéral du terme — me réconforte autant moralement que physiquement.

Vingt minutes plus tard, apercevant de la lumière sous ma porte, Antonio revient me voir. « Cela va mieux ? » s'inquiète-t-il. Oui, cela va mieux mais j'ai du mal à trouver le sommeil. Je l'interroge sur les raisons qui l'ont amené à quitter son pays. « J'étais guérillero. J'ai perdu mes deux premières femmes au combat... » Antonio me parle des Indiens guatémaltèques, exterminés par le régime militaire et fuyant au Mexique. Là, ils sont entassés dans des camps, où des soldats guatémaltèques viennent les massacrer sans que le gouvernement mexicain lève le petit doigt. Il me raconte les dictateurs corrompus de là-bas, et la misère du peuple... Je me souviens d'un voyage au Mexique — l'un des premiers voyages officiels de Mitterrand. Le président socialiste français avait salué les « fils de la Révolution » et le président mexicain, un socialiste lui aussi, avait prononcé un discours lyrique... Plus récemment, à Caracas, j'ai retrouvé les mêmes accents dans la bouche du président socialiste du Venezuela, Carlos Fuentes. « *Capitalismo! Imperialismo!* » s'indignait-il en exigeant que l'Amérique et l'Occident remettent la dette du malheureux Venezuela, où un luxe éclaboussant côtoyait la misère des bidonvilles. Dans la foule des invités, à côté de moi, un industriel français implanté là-bas m'avait glissé à l'oreille : « La dette du Venezuela ? Carlos Fuentes et les siens ont de quoi la couvrir deux fois : avec tout l'argent qu'ils ont investi dans l'immobilier en Californie et en Espagne... »

Quelques jours plus tard, justement, le président du Venezuela sera arrêté pour corruption. Ce sera un nouveau sujet de conversation avec Antonio. En pensant à lui, je suivrai avec inquiétude la signature des accords de l'Alena — le marché commun entre les Etats-Unis, le Canada et le Mexique — et avec sympathie la révolte des « zapatistes ». Un malade passe toujours, au moins pour quelques jours, dans le camp des opprimés et des révoltés.

15

La bêtise et la bête

Lundi 29 mars

« Madame, s'il vous plaît ! Madame ! » Voilà vingt minutes maintenant que j'attends sur cette table de tôle froide et dure, après qu'elle m'a tournée et retournée sans ménagement en glissant des pièces de bois, des sortes de coins, alternativement sous mes deux épaules et mes deux hanches pour prendre des clichés de côté et de trois quarts. J'ai froid et j'ai mal. Je voudrais sortir de là, remonter prendre mon calmant et retrouver la douceur de mon lit. Pourquoi me fait-elle attendre ? Pour vérifier si les radios sont bonnes et éventuellement en reprendre d'autres ? Non, elle a eu largement le temps de les tirer et de les examiner. Alors ? Pourquoi feint-elle de ne pas m'entendre alors que moi je l'entends parfaitement discourir depuis vingt minutes au téléphone sur les avantages comparés de deux locations de vacances et sur la nouvelle petite amie de son fils ? « Madame, s'il vous plaît ! » La salope ! Elle se moque bien que j'aie froid et que je souffre. Elle se moque bien que j'aie à travailler. Mon temps, pour elle, n'a aucune valeur. Je ne suis qu'un colis encombrant. Un légume devant lequel on peut étaler sans crainte ses histoires d'argent et de fesses. Un légume qui n'entend rien, ne comprend rien, ne ressent rien. « Madame, s'il vous plaît ! » D'impuissance, de rage, ma voix retrouve une énergie que je ne lui connaissais plus. Mais rien n'y fait. Faudrait-il donc que je geigne, que je pleure pour l'émouvoir ? Pourtant, elle n'a qu'un geste à faire : appuyer sur le bouton d'une sonnette pour que l'infirmier qui m'avait descendue — et qui s'était gentiment proposé d'attendre dans le couloir — accoure avec son brancard, mon oreiller et ma couverture et me remonte dans ma chambre. Quel plaisir éprouve-t-elle donc à me garder ainsi à me faire écouter avec tant d'impudeur une interminable conversation téléphonique personnelle ? Un plaisir sadique ? Non, je la crois simplement indifférente. La souffrance, elle ignore que cela existe. Pour elle, ce doit être un truc que les malades inventent pour se rendre intéressants.

Trente minutes. Je me prends à souhaiter qu'il lui arrive un jour un accident. Pour qu'elle sache. Qu'elle comprenne enfin ces « légumes » qu'elle manipule à longueur de journée. Quelle fatalité pèse donc sur les services de radiologie ? Ici, pourtant, tout avait bien commencé. D'abord, le Dr Folon m'avait prévenue ce matin : « On va vous refaire des radios du bassin, de la clavicule et du poumon. » Une heure avait été fixée : ce serait quinze heures trente, après le passage du kiné. A l'heure dite, deux infirmiers, que je connais, étaient venus me chercher et m'avaient descendue d'un étage. Sans aucune attente, ils m'avaient aussitôt introduite dans la salle de radio. « Dès que vous nous appelez, on vient vous rechercher... » « Madame, s'il vous plaît, pourriez-vous appeler les infirmiers ? » Elle a enfin raccroché. Sans se presser, elle range deux ou trois petites choses, puis se retourne vers moi. Je soulève la nuque. « Vous n'entendiez donc pas quand je vous appelais ? » Sans répondre, elle repasse derrière sa paroi vitrée. Je la vois décrocher le téléphone. « Vous pouvez descendre chercher la 23 ? »

Deux minutes plus tard, ils sont là. Mes sauveteurs. Mes bienfaiteurs. Je les embrasserais. Quant à elle, la technicienne de radiologie, je ne veux plus passer entre ses mains. Si l'on doit me renvoyer à la radio, j'y mettrai cette condition. Je ne veux plus subir. Je ne subirai plus.

Mardi 30 mars

Un dieu mauvais veut-il me punir de ma rébellion ? Hier, pour « forcer la bête », j'ai décidé de téléphoner à mes employeurs pour leur annoncer que j'allais reprendre mes chroniques. Bon vieux truc : rien de tel que de s'imposer des délais, des obligations. Jeudi : dicter ma chronique du *Télégramme de Brest*. Vendredi : envoyer, manuscrite, celle du *Figaro Magazine*. Samedi : enregistrer celle de RTL. Le compte à rebours est commencé. Restent deux jours pour rassembler documentation et informations. Mais la « bête » ne veut pas se soumettre. Comme pour mettre fin d'un coup de patte à mes velléités d'indépendance, elle m'a démontré méchamment sa puissance : en me faisant passer une nuit d'enfer.

La bête, ce n'est pas — oh non ! — le cheval qui m'a écrasée. Lui reste pour moi, dans la splendeur de son galop, un animal royal, une sorte de divinité. La bête n'a pas de forme, pas de visage. Elle est rampante, insaisissable, elle se situe à la fois à l'intérieur de mon corps et à l'extérieur. Elle me mange la tête. C'est la douleur, bien sûr, dont les signes précurseurs me rendent fébrile, à peine une heure, maintenant, après l'absorption des deux comprimés de Di-Antalvic — huit par jour — qui étaient supposés me protéger pendant deux ou trois heures. Mais c'est aussi devenu, par un étonnant phénomène de transfert psychologique, tout l'univers de blouses blanches qui m'entourent et qui s'avèrent incapables ou pas suffisamment, pas assez rapidement capables d'améliorer mon état. La bête, c'est l'impuissance, l'incompétence, la brutalité, la bêtise ou simplement l'indifférence. La bête, c'est l'hôpital dans son ensemble. Au seizième jour d'hospitalisation, bien qu'ayant fait au moins seize fois à mes visiteurs le récit rituel de mon accident (au point qu'il est devenu, cet accident de cheval, une sorte de fable), je n'en vois plus le lien avec mes maux actuels. Ce qui me fait souffrir, c'est l'absence de sensibilité d'un infirmier ou l'indifférence d'une radiologue, c'est la lumière, le bruit, l'inconfort des prothèses, et celui du lit. C'est le manque de médicaments puissants. L'ennemi, la bête que je dois vaincre — sinon c'est elle qui viendra à bout de moi —, c'est l'hôpital. A ce stade, je suis à peu près convaincue que si vous hospitalisiez un être bien portant, il en sortirait malade au bout de dix jours...

16

Malades publics, malades privés

Mercredi 31 mars

Donc, résister. Et, pour commencer, réclamer des médicaments plus forts ou plus nombreux. Je hais les médicaments. Je n'ai aucune considération pour les médecins qui en prescrivent beaucoup, à tout propos. Et, lorsqu'il arrive qu'ils m'en prescrivent deux ou trois — pour enrayer une mauvaise grippe ou venir à bout d'une toux allergique —, je m'arrange pour oublier de les prendre, au premier signe de soulagement. Quant aux somnifères et aux anxiolytiques, je n'en n'ai jamais absorbé. Je ne sais même pas à quoi ils ressemblent. C'est dire que je n'appartiens pas à cette majorité de Français dont les armoires à pharmacie débordent de gélules roses et de comprimés orange. En tout cas pas à la catégorie des malades imaginaires ; en vingt ans de journalisme, je n'ai pris qu'un seul bref arrêt de travail : pour subir une intervention chirurgicale. Diverses lombalgies et sciatiques consécutives à des chutes de cheval, et même une fracture de la cheville qui m'obligea à porter un plâtre pendant un mois et à me rendre à mes rendez-vous avec des béquilles et un sac à dos ne m'ont jamais conduite ni à me coucher ni à me bourrer de médicaments : j'ai toujours eu peur que ceux-ci ne me « ramollissent » le cerveau. Mais je dois me rendre à l'évidence : à force de mobiliser toute mon énergie et d'épuiser toutes mes capacités de résistance, c'est la douleur aujourd'hui qui me « ramollit le cerveau». J'ai besoin d'une aide pour lutter. D'un réconfort moral, bien sûr, mais aussi d'une assistance médicale compétente.

J'appelle ma vieille amie Christiane. Christiane est hélas aujourd'hui à la retraite, mais elle continue d'enfiler sa blouse blanche trois fois par semaine pour aller seconder son patron, illustre cancérologue lui aussi à la retraite mais resté «consultant». Elle a été pendant vingt ans surveillante générale du service de cancérologie où devait mourir Jacques Brel. Elle se souvient de la question qu'il lui posait dans ses derniers jours lorsqu'elle prenait le temps de venir bavarder avec lui, de lui retaper ses oreillers ou simplement de s'asseoir à son chevet: «Mais pourquoi faites-vous tout cela, madame? — Mais, monsieur, s'écria-t-elle un soir, parce que l'on vous aime!»

C'est dire que cette femme blonde au visage fin, à l'allure énergique et à l'œil rieur de fille de paysan beauceron est une infirmière proche de ses malades. Ce qui fait d'elle parfois, si attachée soit-elle à l'ordre et à la discipline («Chez moi, se souvient-elle, on ne quittait pas la table tant que le père n'avait pas fini son repas»), une révoltée: depuis la loi de 1958, qui a introduit à l'hôpital les consultations privées, trop de «patrons» l'ont choquée par leur comportement... si différent, m'a-t-elle raconté souvent, selon qu'il s'agit de «malades privés» ou de «malades publics». Certes, il fallait retenir les médecins à l'hôpital: avant cette loi de 1958, nombre d'entre eux quittaient leur service à onze heures quarante-cinq pour rentrer déjeuner chez eux avant leur consultation privée en clinique ou à leur cabinet. Parfois même, ils ne venaient pas du tout. La loi les a rendus plus assidus. «Mais à partir du moment où elle est entrée en vigueur, on a vu apparaître des patientes en manteau de fourrure et foulard Hermès qui ne supportaient pas d'attendre et auxquelles les patrons faisaient des ronds-de-jambe... tandis que les malades "ordinaires" attendaient.»

Justement, le récit de mes déboires à l'hôpital Gagarine lui rappelle un souvenir qu'elle me raconte pour me faire rire : un jeune anesthésiste voit arriver un jour en urgence à ce même hôpital Gagarine un jeune homme de seize ans, qui porte le même nom que le ministre de l'Intérieur, Charles Pasqua. L'interne se frotte les mains : « On va faire une blague au patron. » Il appelle le chef de service chez lui. « J'arrive tout de suite, répond celui-ci. Mettez-le dans mon secteur privé. »

L'après-midi même, le Pr X convoque la mère. Il la reçoit longuement pour lui expliquer le cas de son fils et, de sa voix la plus suave, s'enquiert : « Et comment va M. le ministre ? » La dame tombe des nues. « Nous portons le même nom, explique-t-elle, mais nous n'avons aucun lien de parenté. » Commentaire de Christiane : « C'est tout juste s'il ne l'a pas mise à la porte ! »

Personnellement, je n'ai pas fait l'expérience de cette choquante différence de traitement, n'ayant connu de l'hôpital que le secteur public. Il me faut rendre cet hommage au Pr Végan : s'il m'a paru manquer d'autorité, son dévouement au service public et sa probité sont remarquables. Ce n'est pas le cas de tous. Mon frère aîné Gérard vient de m'appeler de Taïwan, où il s'emploie avec succès depuis quelques années à créer des hypermarchés Carrefour. Une de ses collaboratrices se plaignait de douleurs persistantes à l'estomac. Elle est venue consulter à Paris, précisément à l'hôpital Gagarine (encore !). L'illustre professeur qui l'a reçue en consultation privée lui a fait passer une série d'examens radiologiques et l'a renvoyée sans avoir décelé la cause de ses malaises... mais non sans lui avoir prélevé la somme de huit mille francs en espèces ! De retour à Taïwan, Mme C., qui souffrait toujours, est allée voir un médecin chinois qui a diagnostiqué un cancer. Elle vient d'effectuer un nouveau voyage à Paris pour se faire opérer dans un autre hôpital et elle se demande si elle ne va pas intenter une action en justice contre ce professeur... peu scrupuleux. J'interroge Christiane : est-ce une pratique courante dans les hôpitaux français ? Hélas, oui, confirme-t-elle. Récemment, elle a fait une enquête par téléphone. Elle s'est aperçue que beaucoup de secrétaires de grands « patrons » dirigeaient les patients vers la consultation privée. Le truc est assez simple : vous êtes pressé ? « Désolée, je ne peux pas vous donner un rendez-vous avant deux ou trois mois… A moins que… oui, en consultation privée j'aurais un rendez-vous après-demain… » Quelques minutes plus tard, la secrétaire rappelle pour préciser le prix de la consultation et signaler qu'il est préférable de payer en espèces…

Tout récemment, Christiane a fait personnellement l'expérience de ce système qui la révolte. Sa propre petite-fille, âgée de huit ans, allait être hospitalisée à l'hôpital Varenne pour une double réimplantation des uretères. Sans se présenter, Christiane téléphone à son homologue dans le service et lui demande si la maman pourra rester auprès de la fillette. Réplique de la surveillante : « Pourquoi ? Elle l'allaite ? » Christiane se nomme alors. Sa collègue se radoucit et explique que les mamans peuvent être autorisées à rester la nuit, mais uniquement en secteur privé : il en coûtera dix mille francs pour la semaine. Dix mille francs ! Cela représente pratiquement un mois de salaire pour une surveillante après vingt-cinq ans de carrière hospitalière ! Pourtant la grand-mère infirmière a acquitté cette somme sans hésiter : elle avait trop peur que sa petite-fille soit maltraitée en secteur public et qu'elle y connaisse l'angoisse de nuits de souffrance sans réconfort…

17

La douleur, sujet tabou

Christiane m'interroge sur « mes » infirmières et « mes » médecins. « Ils sont formidables, dis-je, bien élevés, souriants, présents au premier coup de sonnette... j'ai beaucoup de chance... — Oui, mais vous donnent-ils de quoi vous soulager ? » Là, je dois avouer que non. Huit Di-Antalvic par jour (et encore, je triche, je n'ai droit qu'à six) plus un somnifère, c'est très insuffisant. Et pourtant, je crains d'en prendre davantage. Je redoute les phénomènes d'accoutumance. Pour rien au monde je ne voudrais être devenue, quand je sortirai d'ici, une « accro » des comprimés, avec sa boîte à pilules dans son sac à main. Christiane me rassure : voilà des années que, dans son service de cancérologie, elle administre du Temgésic — un dérivé de morphine — à ses malades. Certains, qui en ont pris pendant des mois, s'en sont fort bien passés ensuite. Ce n'est pas une drogue. Mais voilà, la résistance psychologique du corps médical français et des infirmières formées à la même école est telle que la prescription de ce genre de palliatif n'est couramment admise — et encore ! — que pour les malades en phase « terminale », comme on dit pudiquement. L'autre jour, à un congrès de cancérologie où plusieurs participants abordaient prudemment la question, Christiane s'est levée et a attrapé un micro. « Mais il n'y a pas que les malades en phase terminale qu'il faut soulager ! s'est-elle écriée. Il y a tous les cancéreux. Et tous les accidentés. Et tous les malades qui viennent d'être opérés... Au nom de quoi devrait-on les laisser souffrir ? Leur douleur serait-elle moins “noble”, moins digne d'intérêt parce qu'elle n'est pas mortelle ? »

Me voilà convaincue. Lorsque Christiane me propose de demander à son patron, le Pr Leuwen, d'intervenir en ma faveur en téléphonant ou en écrivant au chef du service dont je dépends et ajoute qu'en attendant elle peut m'apporter une boîte de Temgésic dès demain, j'accepte avec joie. « J'en ai assez de subir », lui dis-je. Christiane la souriante, la chaleureuse, l'infirmière modèle a alors ce mot, qui restera gravé dans ma mémoire : « Vous avez raison, Christine. Si les malades ne se révoltent pas, on les tue ! »

Me voilà entrée en résistance. Le téléphone raccroché, je songe pourtant que le Dr Folon mérite tout de même mieux que ces cachotteries. Jusque-là, certes, il est resté sourd à mes appels et aux interventions de mon entourage en ce qui concerne le soulagement de la douleur. Mais peut-être ai-je été trop discrète ? A force de vouloir donner le change, de l'interroger, de le faire parler de son métier — comme j'ai l'habitude de le faire avec tous mes interlocuteurs —, peut-être ne lui ai-je pas fait comprendre assez clairement que la douleur finissait par m'obséder et que j'attendais de lui qu'il s'y attaque plus vigoureusement afin, comme l'a dit Christiane, de « la déraciner » ?

Par ailleurs, prendre un médicament en cachette risquerait de fausser les analyses de sang et d'urine effectuées régulièrement. Mieux vaut jouer « cartes sur table » au risque d'affronter une crise. Je demande donc à voir le Dr Folon. « J'ai un aveu à vous faire, lui dis-je lorsqu'il arrive après mon dîner, à l'heure où il sait que les visiteurs sont repartis. Je suis en réalité à huit, voire dix comprimés par vingt-quatre heures et cela ne me suffit plus... » Le Dr Folon sourit, plutôt amusé apparemment de ma révélation. Il commence à me parler de mon foie, de mes « enzymes hépatiques ». L'abus des médicaments... Oh, j'approuve ! J'approuve entièrement... Sauf que l'on me dit que le Temgésic pourrait me soulager sans dommage. Le Dr Folon fait la moue. C'est alors que le téléphone sonne. C'est le Pr Leuwen qui a eu de mes nouvelles par Christiane et qui voudrait m'aider. Peut-il venir me voir ? Rencontrer mon médecin ? Celui-ci fait mine de s'en aller pour ne pas me déranger. Je lui fais signe, au contraire, de rester. « Je vous le passe... » Debout, un peu raide, dans une attitude militaire, le Dr Folon répond au Pr Leuwen comme au garde-à-vous. « Oui ! Oui ! » dit-il seulement avant de raccrocher un peu brutalement. Il n'a pas l'air content. Mais demain, après mon petit déjeuner, j'aurai droit pour la première fois à un demi-Temgésic. Je découvrirai le goût affreusement amer de ce comprimé de couleur saumon qu'il faut laisser doucement fondre sous la langue sans parler (pour ne pas sécréter de salive) pendant une bonne minute. En d'autres temps, je l'aurais recraché avec un « pouah ! » de dégoût. Mais maintenant, je vais vivre dans la peur de le laisser glisser dans mes draps lorsque je le sortirai de la boîte en plastique où l'on me donne chaque matin ma ration du jour. Ce comprimé infect qui symbolise un peu de temps gagné sur « la bête », un peu de temps pour lire et travailler, va me devenir plus précieux que la bague et la chaînette en or que j'ai toujours peur d'égarer aussi.

Jeudi 1er avril

A l'heure du déjeuner, mon rhumatologue, le Dr Filippi, passe m'examiner. Avec un marteau dont il tape à petits coups secs sur mon genou, il teste mes réflexes. Il semble préoccupé que ma jambe droite ne veuille pas réagir. Il s'assied, avale quelques bouchées de saumon (j'ai fait livrer un plateau par un traiteur, car je me doutais qu'il n'aurait pas le temps de déjeuner ailleurs) et s'interroge à voix haute. Ce qui l'ennuie aussi, c'est cette douleur que je lui décris, accompagnée d'un gonflement des tissus dans le haut de la cuisse et le bas-ventre.

Survient le Dr Folon qui a l'air agacé de le trouver

là. Le courant ne passe pas entre ces deux hommes de la même génération mais de tempéraments si différents qu'on les croirait sortis d'écoles de médecine opposées. D'une extrême susceptibilité sous son apparente sécheresse, le militaire à l'œil et au cheveu noirs est un homme de principes. Avec ses tempes grisonnantes, ses costumes de coupe italienne et ses airs rêveurs, le médecin des beaux quartiers fait plutôt penser à un artiste. Néanmoins, le Dr Folon accepte de montrer à Filippi mes dernières radios. Tous deux engagent à mon chevet une discussion obscure où il est question d'« hématome étranglé » et d'« algo-neuro »... quelque chose... Pour finir, ils tombent d'accord sur le principe de me faire passer une échographie.

18

Cachez-moi ce bassin...

L'échographie : on vous allonge nu sur une table métallique glacée, puis on vous balade une boule dure, lisse et froide, sur la partie du corps à examiner, en insistant sur les points douloureux qui font tressaillir. Cette fois, j'ai affaire à un technicien parfaitement indifférent mais qui a le mérite de ne pas me faire attendre une minute ni avant ni après l'examen. Le soir même, après dîner, le Dr Folon vient me commenter les résultats. L'échographie a révélé un deuxième hématome, que les examens incomplets pratiqués à l'hôpital Gagarine n'avaient pas décelé. Cela explique sans doute en partie les douleurs dans le ventre dont je me plains. Mais surtout, ajoute-t-il, « vous êtes terriblement constipée ». Il a un geste éloquent, comme s'il découpait une ligne sous les seins. « Jusque-là ! » Il est urgent, poursuit-il, de me faire subir un lavement : je risque une occlusion intestinale.

Il me faut ici aborder le sujet tabou qui tient pourtant une place obsédante dans la vie des malades alités : le transit intestinal. Pour tout malade ayant un minimum de pudeur, faire ses besoins en public — ou, du moins, avec la porte de sa chambre ouverte, et la crainte d'être dérangé à tout moment — est une épreuve presque insupportable qui provoque un véritable blocage. Les encouragements parfois odieusement familiers des infirmières ou des aides-soignantes (« Alors, on a fait quelque chose aujourd'hui ? Ah ben, dites donc... ») ne font qu'aggraver ce blocage et ce sentiment d'humiliation. Si bien que beaucoup de malades préfèrent « faire la grève ». Surtout lorsqu'une opération ou un traumatisme rendent, de surcroît, extrêmement douloureuse la position sur le bassin, reins surélevés, poids du corps reposant sur les bords en plastique aiguisés, dos arc-bouté...

Un vieil ami, hospitalisé pour un infarctus, m'a raconté comment, de retour chez lui, il avait dû être réhospitalisé d'urgence pour cause d'occlusion intestinale : il ne supportait pas qu'une infirmière l'aide à se soulever en lui lançant : « Allez, mon gros père ! » « Je ne suis pas votre gros père et je vous prierai de m'appeler Monsieur », lui avait-il répliqué. Mais le « Monsieur » et un ton de respect n'y avaient rien changé. Pour moi non plus, l'arrivée à l'Institut après dix jours passés à l'hôpital Gagarine n'a rien pu changer. Pourtant, les infirmières, ici, respectent la pudeur du malade. Elles me recouvrent d'un drap, branchent la lumière rouge à ma porte pour prévenir qu'on ne doit pas me déranger et vont même parfois jusqu'à monter la garde dans le couloir pour écarter les importuns. Mais la position sur le bassin est trop douloureuse. Je ne peux m'y maintenir, terriblement contractée, que quelques minutes. Le lavement aura donc lieu demain et je l'appréhende énormément. Dans la soirée, j'en parle avec l'infirmier de garde cette nuit-là.

Il s'appelle Fred, c'est un Camerounais. Venu à Paris pour faire des études de médecine, il a dû les interrompre pour des raisons financières et c'est sa secrète blessure. Souvent, nous parlons des hôpitaux en Afrique où les gens attendent par terre, sans médicaments, et des hôpitaux français, où nous ne nous rendons pas compte que nous sommes si gâtés. Fred me parle aussi des enfants qu'il entraîne au football chaque matin dans sa banlieue, après avoir pris à peine deux heures de sommeil à son retour de l'hôpital. J'admire sa volonté de rester actif, en forme, élégant, malgré ce métier aux horaires si décalés qu'ils finissent par vous couper de toute vie sociale. Chaque soir il arbore une nouvelle chemise, et je le plaisante sur sa coquetterie.

Puis nous refaisons le monde et la médecine. Je sens que ma conversation le réconforte. « Savez-vous, me dit-il, qu'il y a des malades qui ne m'adressent pas la parole parce que je suis noir ? » J'ai du mal à le croire. Mais qui sait s'il n'y a pas plus de malades odieux que d'infirmiers désagréables ? Fred se plante au bout de mon lit et parfois reste une heure à bavarder jusqu'à ce que je lui avoue que je suis fatiguée et que je dois terminer le paragraphe que je m'étais promis d'écrire ce soir. En bon prof de gym, il me montre les exercices auxquels je devrai m'appliquer quand je pourrai me lever, pour rééduquer mes jambes. Dans ma tête, pendant quelques instants, je fais des flexions-extensions, les mouvements, en somme, du trot enlevé... Mais ce soir, j'ai besoin d'être réconfortée et Fred le sent. La plupart des gens qui arrivent ici en provenance d'autres hôpitaux, m'apprend-il, connaissent exactement les mêmes problèmes intestinaux. Là-bas, « ils » ne s'en occupent pas. « Ils » n'ont pas le temps. Ou bien « ils » s'en moquent. C'est classique. D'une certaine façon, cette banalisation me rassure : si tout le monde doit en passer par là... Mais, au moment où je venais de m'organiser pour être à nouveau maîtresse de mon temps et pour retravailler, cette affaire de lavement m'atteint en profondeur, comme une terrible, une humiliante défaite.

Vendredi 2 avril

Journée marquée d'une pierre noire. Noire comme le liquide au goût de réglisse âcre qu'il me faut absorber dès le petit déjeuner. Deux bouteilles entières dans la matinée ! Plus des comprimés laxatifs. Sans autre effet que de me faire gonfler comme une outre et de me donner envie de vomir. Au bout de deux heures, les infirmières décident de m'allonger, en surélevant non pas la tête du lit comme à l'habitude, mais le pied, de façon à ce que j'aie la tête en bas. Ainsi, le liquide remontera jusqu'au diaphragme. Rapidement, je suis prise de contractions aussi violentes que celles de l'accouchement. Ce ne sont pas seulement mes entrailles qui me font gémir, mais ma cuisse droite, traversée de coups de poignard. Combien de temps cela dure-t-il ? Une heure, deux heures, trois ? Chaque minute accroît l'intensité des convulsions. La seule chose qui me soulage, ce sont des compresses d'eau très chaude posées sur la cuisse et le bas-ventre. Mais à peine posée, la compresse refroidit. Il faudrait presque établir une chaîne de la salle de bains au lit. Enfin, averti que l'opération traîne en longueur et que rien ne se déclenche, le Dr Folon donne l'ordre de me faire une piqûre. D'un seul coup, brutalement, tous mes muscles lâchent. Je vomis en jets et j'ai l'impression de me vider de mes entrailles. Les infirmières s'affairent autour de moi pour changer les protections de nourrisson étalées sur le lit, me laver, me changer, changer les draps. Je suis une naufragée dans la tempête, une naufragée qu'une gigantesque vague rejette pantelante sur la plage...

Le soir, je parviens à absorber quelques cuillerées de potage, mais le goût persistant de la réglisse et du vomi, qui imprègne mon harnais en mousse, m'écœure. J'ai beau le faire noyer d'eau de Cologne, rien n'y fait. Demain, me promet le Dr Folon, on me fera un nouveau harnais et l'on me changera de chambre.

Samedi 3 avril

J'ai fait prévenir tous les amis qui devaient passer me voir de ne pas venir avant deux jours. Je suis trop faible et me sens trop à la merci de nouvelles contractions intestinales. La consigne est bien transmise et l'on a marqué sur ma porte « Visites interdites ». Mais mon père projetait depuis trois jours de venir me voir. Il s'était préparé à cette visite comme à une fête. Il m'apporterait un des premiers melons de la saison, ainsi que des langoustines dont il sait que je raffole et peut-être même des crevettes. Malgré mes prières, maman n'a pas réussi à le dissuader de faire ce voyage, éprouvant pour lui. Le voilà donc, avec son sac de voyage chargé de provisions, déballant ses surprises. J'ai beau être touchée de tant d'attentions, l'odeur douceâtre du melon dans ma chambre m'écœure. Quant aux langoustines si fraîches qu'il a cuites ce matin avant de prendre son train et qu'il se propose de décortiquer pour moi, je leur trouve une odeur saumâtre. Je ne peux absorber qu'une cuillerée de compote. Tout le reste me fait mal au cœur, même si la nouvelle chambre dans laquelle on m'a transférée a été largement aérée. La conversation aussi est un effort pénible. La voix de papa résonne. Et parler me fatigue. En réalité, je cherche à me préserver. Je m'économise. Tout au fond de moi, je sens bien qu'il me reste des forces. Ce que j'appelle « le moteur auxiliaire » est intact. Mais je le garde en réserve pour tenir mes engagements : après avoir annoncé que je reprendrais mes chroniques, de quoi aurais-je l'air si j'y renonçais ? De quelqu'un sur qui l'on ne peut pas compter. La gentillesse, la compassion des rédacteurs en chef ont leurs limites. Surtout, il y a cette voix intérieure qui me répète : « Ne te laisse pas aller, ne subis pas, reprends les choses en main… sinon "ils" feront de toi un "légume". »

19

La violence hospitalière

Après quinze jours d'interruption, ma chronique du *Figaro Magazine* reparaît. Je la consacre presque entièrement à l'hôpital Gagarine. J'y décris le service de radiologie. « Imaginez un hall de gare ou d'aéroport. Courants d'air, lumière crue, bruit de chariots qui roulent et s'entrechoquent sur fond d'incessant brouhaha. Mais ici, au sous-sol de l'hôpital Gagarine, véritable usine à soins des Temps modernes, avec sa tour de dix-sept étages et ses quarante-cinq mille hospitalisés par an, les chariots sont des brancards où gisent des malades, la tête à la renverse, les yeux dans les néons. Combien sommes-nous, alignés et poussés sans ménagement ?... »

Plus loin, après avoir décrit le ballet des robots en blouse blanche, j'évoque « quelques exceptions merveilleuses de compétence, de courage et d'humanité ». Lionel, l'élève infirmier par exemple, que j'appelle un « fantassin de la République ». Il me fait penser à Aïcha, jeune institutrice dans le XIXe arrondissement rencontrée quelques semaines plus tôt. Elle aussi croyait à sa vocation. Elle aussi rêvait d'apporter des joies — la découverte de la poésie et de la belle langue française — à « ses » enfants. Très vite, elle a dû déchanter. Pourtant, lorsqu'elle est venue me voir à l'hôpital, les bras chargés de fruits exotiques, je l'ai trouvée plus sereine. « J'ai appris, m'a-t-elle confié, à relativiser. » Comme ses collègues, elle prend maintenant des congés de maladie et elle a profité d'un congé de formation pour suivre des cours de théâtre. L'enseignement ? Elle n'y croit plus guère. Comment y croirait-elle — et comment Lionel garderait-il longtemps l'amour de son métier — si la République continue de laisser sans soutien tous ceux qui la servent en première ligne, tous ceux que Pierre Bourdieu appelle ses « fantassins » ?

Cette première chronique me vaut un abondant courrier, terriblement passionné, qui achève de me convaincre, comme me l'a dit mon amie Christiane l'infirmière, qu'à l'hôpital public c'est « le meilleur ou le pire ». Quelques lecteurs ont à cœur de témoigner de la gentillesse et de la compétence de l'équipe qui les a traités.

« Ayant bénéficié d'un double pontage coronarien à l'hôpital Henri-Mondor de Créteil à la suite d'un transport d'urgence à quatre heures du matin, mais aussi d'une opération de la carotide en début d'après-midi un samedi, m'écrit un habitant du Val-de-Marne, j'ai rencontré auprès de l'ensemble du personnel de la cardiologie, de la chirurgie cardiaque et autres services concernés, des professeurs aux internes, aux infirmières et aux aides-soignantes, une compétence, une attention, une politesse, une sollicitude dont je garde le souvenir ému... »

La chirurgie cardiaque est à l'honneur : une lectrice de Sartrouville, qui me dit avoir subi en 1992 une intervention à cœur ouvert à l'hôpital Broussais dans le service du Pr Alain Carpentier, n'a eu « qu'à se louer du dévouement, de la patience et de la gentillesse de tout le personnel ». Envoyée ensuite en rééducation dans un autre établissement public, elle a été choquée, en revanche, par « l'égoïsme, l'attitude infecte et même la méchanceté de la part de certains malades vis-à-vis du personnel »...

Une lectrice de Montélimar veut me « mettre du baume au cœur ». « Si j'étais parisienne, me confie-t-elle, il faudrait m'emmener de force à l'hôpital. Mais dans ma ville, l'hôpital est exemplaire : j'ai eu l'occasion d'aller, pendant deux semaines, voir un vieil ami (il a soixante-seize ans) hospitalisé. Tout a été fait pour lui rendre la vie agréable. Je crois, conclut cette lectrice, qu'en province l'hôpital est plus humain que dans les grandes villes. J'en sais quelque chose, mon mari ayant été hospitalisé pendant plusieurs semaines dans un grand hôpital lyonnais où rien n'a été fait pour lui remonter le moral et où il est décédé sans qu'on sache pourquoi... »

Sans doute cette championne des villes moyennes ne dispose-t-elle pas, comme la plupart des « assujettis sociaux », à commencer par moi-même, de tous les éléments lui permettant d'évaluer la qualité des soins. Mais l'important n'est-il pas aussi ce qu'elle ressent? Son angoisse du « grand centre », de la « grande ville » ? Puissent les experts qui s'apprêtent, dans les cabinets ministériels et à la direction de la Santé, à rayer de la carte un certain nombre d'hôpitaux de province pour opérer un regroupement idéal sur le papier tenir compte de ce besoin d'humanité !

Parmi les défenseurs de l'hôpital public, se trouve le propre chef du service de radiologie de l'hôpital Gagarine. « On ne peut que reconnaître, m'écrit-il, les faits tout à fait réels dont vous avez pâti : longue attente des malades dans une grande salle avant d'être radiographiés, parfois défaut d'attention du personnel vis-à-vis des malades impotents... Je dois cependant ajouter que, dans votre cas particulier, un examen du bassin par scanner a été réalisé dans les délais les plus brefs possible, malgré une longue liste d'attente, grâce à l'intervention du Pr Végan et à l'obligeance des médecins du service de radiologie... »

Ainsi donc, si je n'avais pas bénéficié d'une obligeance toute particulière — autrement dit, si je n'avais pas été pistonnée —, j'aurais dû attendre des jours et des nuits supplémentaires avant de passer à la radio? Et j'aurais, du même coup, occupé inutilement non pas dix jours mais peut-être vingt ou vingt-cinq jours une chambre coûteuse ?

Quel aveu ! Qui en dit long sur la désastreuse gestion de l'hôpital Gagarine...

Comme pour me prouver que ces « dysfonctionnements » ne sont pas particuliers à cet établissement, un lecteur m'envoie, à l'appui de son propre témoignage, une page extraite d'un livre où le célèbre chirurgien du cœur Christian Cabrol raconte son expérience d'opéré.

Pas triste ! Jugez plutôt.

« Lorsqu'il y a quinze ans, un dimanche matin, je me fracturai le fémur au cours d'une promenade à bicyclette dans la vallée de Chevreuse (heureuse époque où j'avais encore le temps de telles randonnées !), je fus hospitalisé en urgence dans le service d'orthopédie de mon ami le Pr Roy Camille, dans notre hôpital de la Pitié.

« J'y fus soigné merveilleusement et j'y expérimentai, avec amusement, certaines des particularités de l'hôpital public que j'ai mentionnées précédemment. C'est ainsi que, peu après mon opération, la porte de ma chambre fut brusquement ouverte, bien sûr sans frapper, par deux individus à l'allure mi-“Che Guevara”, mi-“loubard de banlieue”, en blouse qui se voulait blanche, et qui, après m'avoir dévisagé et émis un bref “c'est lui”, me déposèrent, il est vrai avec précaution, sur un chariot roulant (les “brancards” de notre Assistance publique) et me véhiculèrent, sans m'indiquer la destination du voyage, à travers les couloirs et les ascenseurs de notre hôpital, me donnant alors cette curieuse impression d'étrangeté et d'impuissance que l'on ressent à être promené ainsi allongé avec la seule vue, inhabituelle mais combien révélatrice, des plafonds de nos locaux.

« Finalement mon brancard fut rangé à côté d'autres, similaires, face à un mur comme seul horizon et mes deux “ravisseurs” me quittèrent en me gratifiant seulement d'un laconique “on vous appellera”.

« J'imaginai alors la panique d'un blessé ou d'un opéré non habitué à nos usages, ainsi transporté sans explication. Pour moi, bien sûr, au courant de nos pratiques, tout était clair. Comme après toute opération orthopédique, je devais avoir une radiographie de contrôle pour s'assurer de la perfection de la réparation (elle l'était, ô combien !), et deux agents du service de brancardage m'avaient descendu au service de radiologie où je serais examiné à mon tour. Mais comme il aurait été plus simple et plus rassurant pour le malade que ces messieurs se présentent et annoncent le but de leur mission! La conclusion de cette aventure fut qu'après une assez longue attente, mon nom fut prononcé à voix haute: “Cabrol”!» C'était il y a quinze ans. Rien n'a changé depuis...

La plupart des lecteurs qui m'écrivent ne prennent pas avec autant d'humour l'attitude du «personnel soignant». Ils se plaignent d'avoir été traités «comme un bout de viande numéroté» dans un univers qualifié de «soviétique». Leurs griefs les plus fréquents sont les attentes interminables, puis le bruit : bruit des chariots, bruit des voix et surtout — ce que je n'ai pas eu personnellement à subir — de la télévision allumée en permanence et imposée à toute une chambre d'adultes ou d'enfants.

Une mère m'adresse ainsi la copie d'une lettre de protestation qu'elle a envoyée à l'hôpital Saint-Vincent-de-Paul de Paris:

«Récemment, notre fils de huit ans, à la suite d'une visite aux urgences, a dû être hospitalisé une nuit. En arrivant dans le service d'hospitalisation, en pleine nuit, j'ai constaté que la télévision marchait à fond dans une salle occupée par quatre jeunes. Il s'agissait d'enfants, malades de surcroît, il était presque une heure du matin et les programmes de nuit de nos chères télévisions proposent souvent du porno, de la violence ou des séries américaines bas de gamme ou le tout en une seule émission. Chacune de ces raisons aurait dû, à elle seule, inciter les adultes présents à faire éteindre le téléviseur. Quand j'en ai fait la remarque, il m'a été répondu qu'il y avait là un enfant dur, un peu “cabochard” et qu'il ne fallait pas contredire.»

Le manque d'hygiène est dénoncé dans de très nombreuses lettres, comme celle de Mme F., opérée il y a trois ans à l'hôpital Boucicaut, et qui me cite cette plaisante réflexion d'une infirmière à qui elle se plaignait de la saleté du cabinet de toilettes et de «la salle de consultation comble où l'on soignait plusieurs patients en même temps, dévoilant plaies, abcès et autres ulcères variqueux sous les yeux de tous». «De toute façon, s'exclama l'infirmière, les microbes, y vont pas vous sauter dessus!»

Hélas, oui, les microbes sautent sur les malades! En témoigne la multiplication des cas d'infections hospitalières et de septicémies.

Beaucoup de femmes me confient combien elles ont souffert du mépris de leur pudeur. Les hommes, s'ils ne se plaignent pas d'avoir vu leur nudité exposée aux regards, n'ont pas mieux supporté que les femmes la cérémonie du bassin... et l'attente dudit bassin en cas d'urgence.

L'abandon des malades au moment des repas est aussi fréquemment cité. Dans une lettre qu'elle a adressée au directeur général de la Pitié-Salpêtrière, la parente d'une «paralysée depuis le bassin jusqu'au bout des pieds» note ainsi ses observations:

«On laissait hors d'atteinte de la "patiente" aussi bien la poire-sonnette que la table portant le téléphone ainsi que la table roulante sur laquelle on pose les repas, et l'on ne se préoccupait pas de redresser la malade au moment des repas — ce qui l'empêchait de manger au moins décemment (je suis personnellement intervenue pour aller demander à un infirmier de m'aider à la soulever). La malade avait pu sonner ce jour-là, mais la sonnerie ou la lumière témoin avaient été éteintes par un personnel... trop occupé. J'ai su aussi, par la parente que je visitais, qu'il n'a jamais été proposé à sa voisine de se laver les dents et que les linges souillés à la suite d'une débâcle intestinale nocturne sont restés toute la nuit à embaumer les toilettes. La chambre se trouvant, par malheur, en face d'un local de service, le couloir devient souvent un lieu de bruyantes rencontres y compris la nuit. Comment se fait-il que le couloir reste totalement illuminé deux nuits sur trois, ce qui m'a amenée, à la demande des deux occupantes qui souhaitaient essayer de dormir (quel luxe!), à placer de mon mieux une couverture de lit le long de la baie côté couloir pour obstruer un peu la chambre — et ce qui m'a donné l'occasion d'admirer une couverture pleine de taches... »

Plus grave, beaucoup plus grave : plusieurs lecteurs me font le récit de négligences mettant en cause la conscience professionnelle et la compétence non seulement des infirmiers mais des médecins et chirurgiens. Opérée d'un cancer du sein à l'Hôtel-Dieu, une Versaillaise m'écrit :

« De tout temps, j'ai eu une prévention et un recul très net pour l'hôpital public. Hélas, mon instinct ne me trompait pas. Hospitalisée le 28 mars dernier, veille de l'opération, je ne reçus la visite du chirurgien ni ce jour-là ni le lendemain. Je fus transportée au bloc opératoire, entre huit heures et neuf heures et, à ma grande stupéfaction, je pénétrai dans une salle à demi obscure, où j'aperçus quelques silhouettes. Le chirurgien qui devait m'opérer n'était pas encore arrivé, me dit-on. Peu après, voyant une "blouse blanche" penchée sur des documents, j'interrogeai : "Est-ce mon chirurgien ? — Non", me répondit-on. Je dus encore attendre, observer un bloc opératoire s'animer enfin et apercevoir, du dos, une autre "blouse blanche", aux longs cheveux blonds flottants. Elle était penchée sur ce que j'ai cru être mon dossier, qu'elle compulsait. J'avoue avoir été prise d'angoisse et d'inquiétude devant un tel comportement.

« Comment un chirurgien peut-il effectuer une opération qui risque d'être grave sans avoir vu sa patiente, sans s'être assuré personnellement de l'importance et de l'emplacement de l'incision à effectuer ? Seul un dossier consulté à la sauvette l'avait renseigné ! Je suppose que mon âge l'a incité à ne pas perdre son temps à faire une cicatrice propre pour éviter de rendre un sein absolument difforme. Car c'est une véritable mutilation que présente mon sein gauche ! »

Mais les lettres qui m'émeuvent le plus proviennent de personnes âgées qui affirment avoir été victimes de brutalités. Certaines — comme celle de cette dame de quatre-vingt-quatre ans qui habite Fontenay-aux-Roses et ajoute en post-scriptum : « Ne citez pas mon nom. "Ils" me traiteraient encore plus mal » — sont de véritables appels au secours.

« Vous qui avez de la notoriété, m'écrit-elle, ne pourriez-vous demander à des gens charitables et courageux de venir dans les hôpitaux aider les mourants et les défendre contre le milieu médical ? Les isolés seraient peut-être alors moins méprisés et moins maltraités ? Une visite chaque jour, jusqu'à la mort, cela représente beaucoup de démènement, mais pour ma part j'aurais moins peur d'aller mourir seule à l'hôpital. »

Existe-t-il donc chez nous, en France, aujourd'hui, une véritable « violence hospitalière » ? Quand j'ai entendu pour la première fois prononcer ce mot, par ma consœur Véronique Grousset, j'ai sursauté. Véronique est l'auteur de remarquables enquêtes sur l'hôpital et notamment sur le manque dramatique de chirurgiens qualifiés. « Mais là, vraiment, elle exagère ! » pensais-je. Il a fallu qu'elle me mette sous les yeux un certain nombre de témoignages pour que je comprenne que cette violence existe. Et pas seulement dans des cas isolés, dans ces maisons bourgeoises transformées en instituts privés plus ou moins douteux pour enfants handicapés ou personnes âgées et dirigées par d'étranges « Doctor Jekyll and Mister Hyde » hommes ou femmes, qui, régulièrement, défraient la chronique estivale. Non, dans de « grandes maisons ». Des hôpitaux publics. Véronique m'a fait connaître un « médecin défroqué », Bruno Cadart. Il a été interne en unité gériatrique de long séjour. Et c'est là que le spectacle de la « violence hospitalière » — qui lui a inspiré le sujet de sa thèse — l'a détourné de sa vocation. Bruno Cadart a abandonné la blouse blanche… pour devenir curé en banlieue !

« Très vite, raconte-t-il, il m'a fallu affronter une terrible prise de conscience : lorsqu'un soignant ne lutte que contre la mort ou la maladie — et c'est ce qu'on lui demande généralement de faire —, il oublie que la priorité des priorités consiste à soulager la souffrance. Dès lors, il devient fatalement un bourreau. »

Cadart se souvient surtout d'un homme qui allait mourir. « Il lui restait deux ou trois jours à vivre. Il ne souffrait pas trop et il était totalement conscient lorsqu'on m'a ordonné de nettoyer ses escarres, à vif, sans aucun traitement antalgique. Ça ne servait à rien dans son état, je le savais, mais j'ai obéi quand même. Les hurlements de douleur qu'il poussait ! Je devais faire comme si je ne les entendais pas. Je ne pouvais même pas lui parler pour tenter de le réconforter : est-ce qu'un bourreau parle à celui qu'il est en train de torturer ? » Cadart n'a pas supporté d'être un bourreau. Il a « défroqué ». Mais combien s'habituent ?

20

La loi du silence

Ma chronique sur l'hôpital me vaut aussi plusieurs coups de téléphone dont l'un très ennuyé de mon rhumatologue, le Dr Filippi. « Vous me mettez dans une situation impossible, me dit-il. Vous savez bien que je connais les gens de l'hôpital Gagarine. Pourquoi ne pas m'avoir parlé de ce projet d'article avant de l'écrire ?

— Mais, docteur, cela n'aurait rien changé à ce que j'ai vu de mes propres yeux et entendu de mes propres oreilles ! D'ailleurs, vous m'avez dit cent fois que la priorité pour vous, c'était le malade : apaiser sa douleur, améliorer son confort. Vous vous battez pour les malades ! En montrant l'absurdité, l'inhumanité de cette organisation hospitalière et en particulier du système des brancardiers et du service de radiologie, ne les ai-je pas défendus ? Et n'ai-je pas rendu service aux médecins qui réclament de meilleurs moyens de travail ? »

Je sens bien que mon argumentation ne passe pas. Le Dr Filippi est un homme sensible, généreux, mais il a du mal à me comprendre. « Vous me mettez dans une situation impossible », répète-t-il, navré. Comment lui faire prendre conscience que ce sont plutôt les malades qui sont « dans une situation impossible » ? Encore n'ai-je fait qu'entrevoir un aspect d'une réalité qui peut être beaucoup plus dramatique. Alerté par Filippi, un de ses confrères me téléphone pour me dire qu'il a trouvé mon article « vraiment pas méchant »... sinon beaucoup trop indulgent. Ma consœur Josette Alia (du

Nouvel Observateur) a appris que mes quelques lignes avaient suffi à provoquer une réunion en vue d'une réorganisation du système de « pool » des brancardiers. Quant au service de radiologie, ses défauts sont tellement connus et depuis si longtemps, me révèle un médecin ami, que certains de ses confrères préfèrent envoyer leurs patients en ambulance passer leurs examens à l'autre bout de Paris dans d'autres établissements publics ou privés.

Une dizaine de jours plus tard (le temps qu'il a fallu pour surmonter le choc « médiatique » auquel si peu de médecins en général, et de médecins hospitaliers en particulier, semblent préparés), le Pr Végan m'adresse une longue missive. « J'ai été plus que surpris, m'écrit-il, par votre jugement sur le service public et par cet état de résignation que vous m'attribuez et j'en conclus que nous ne nous sommes pas compris. Je vous l'aurais dit si vous m'aviez informé de votre intention de faire paraître ce paragraphe. Malheureusement, cela n'a pas été le cas et je le déplore. »

Visiblement, il est de bonne foi. Le Pr Végan croit sincèrement que « nous ne nous sommes pas compris ». Comme si c'était le problème. Je ne peux m'empêcher de lui répondre par une lettre impertinente dans laquelle je lui suggère quelques mesures à prendre pour exercer son autorité. Par exemple : « Que vos chefs de clinique prennent la précaution, avant de donner des instructions concernant un malade, de jeter au moins un coup d'œil à ce malade ! »

En conclusion, j'exprime le vœu que l'enquête entamée à la suite de la parution de mon article puisse « aboutir à une réorganisation dont les malades seront les premiers bénéficiaires et dont les médecins comme vous ne pourront que se réjouir »...

Ma lettre terminée, toute ma colère est retombée. J'ai de l'estime, au fond, pour ce Pr Végan. C'est un homme intègre, assurément, dévoué au service public. Il est capable de se remettre en cause. Mais justement, je me demande s'il n'est pas trop « gentil », si l'hôpital n'a pas besoin plutôt de vrais chefs d'entreprise, comme le Pr Bernard Debré, voire de caractériels, de « grandes gueules » qui n'hésitent pas, comme le Pr Christian Cabrol, à piquer des colères pour se faire obéir de leurs collaborateurs, pour obtenir de l'administration des moyens et pour tenter de faire comprendre aux directeurs d'hôpitaux et autres managers de la santé qu'un malade... est un être humain... un peu plus fragile qu'une marchandise.

A l'Institut aussi, mon article a fait beaucoup de bruit. Les infirmières l'ont lu, elles en parlent entre elles et surtout elles viennent m'en parler. A peine ont-elles franchi le seuil de ma chambre pour me faire ma toilette ou un soin qu'elles entrent dans le vif du sujet. Chacune a son histoire, ses histoires, qu'elle me raconte avec volubilité, comme un secret trop longtemps gardé. L'hôpital va mal, l'hôpital ne va plus du tout ! Le mari de l'une a été récemment opéré dans un établissement de l'Assistance publique d'une tumeur intestinale. Quarante-huit heures après, il avait 40 °C de fièvre. Le chirurgien n'était pas là — parti en week-end. La famille s'inquiète : peut-on appeler l'interne ? « L'interne passera demain », répond l'infirmière du service. Alors l'épouse infirmière entreprend de défaire elle-même le pansement de son mari. « Vous auriez vu ça ! Le pus qu'il y avait là-dedans ! »

Une autre vient d'être grand-mère. Trois jours après l'accouchement de sa fille, le bébé a disparu ! Enquête faite auprès de ses collègues, elle finit par apprendre qu'il a été transféré, comme tous les nouveau-nés du service, dans un établissement à l'autre bout de Paris. Elle devine qu'une infection générale a atteint le service. Mais aucun médecin n'avait cru bon d'en aviser les parents...

Le cas le plus brûlant est celui de Suzy, l'infirmière qui avait été chargée de me laver les cheveux. Suzy, qui souffrait de plus en plus de son dos, a fini par être opérée d'une hernie discale au prestigieux hôpital du Gouverneur, où sont passés bien des Premiers ministres et chefs d'Etat. Elle en est revenue quatre jours plus tard très affaiblie et souffrant d'une infection urinaire.

Elle est hospitalisée dans la chambre voisine de la mienne. Sitôt debout, elle me rend visite et, aussi blanche que son peignoir, me raconte ce qui lui est arrivé : elle a énormément souffert de son dos — elle en souffre encore ; elle est parcourue de décharges toutes les nuits. « Je suis une vraie centrale électrique », dit-elle drôlement. Mais quelques heures après son réveil, elle souffrait aussi de son ventre. Elle n'arrivait pas à uriner — toujours ces problèmes obsédants. En professionnelle avertie, elle comprend qu'il va falloir lui mettre une sonde. En fin de matinée, elle la réclame à ses collègues. « C'est l'heure du déjeuner, s'entend-elle répondre. On viendra après. » Les « filles » ne reviennent qu'à quatorze heures passées. « Mon ventre était dur et gonflé comme un ballon. » Sur son insistance, elles finissent par lui poser la sonde — mais assez maladroitement, ou brutalement, pour la blesser. Puis elles « oublient » de décompresser régulièrement, pour éviter que l'urine jaillisse d'un seul jet, trop violemment. C'est Suzy elle-même qui, bien que condamnée à l'immobilité, doit effectuer tant bien que mal cette manœuvre. « Au bout du compte, on a quand même retiré deux litres et demi d'urine — ce qui prouve que mon cas était urgent et grave, alors que les filles m'avaient traitée comme si je faisais un caprice... » Entre-temps, une aide-soignante lui avait apporté son déjeuner : des tripes. Des tripes pour une malade qui venait d'être opérée ! « J'ai fait signe que non, je n'en voulais pas, mais elle a quand même posé le plateau devant moi et j'ai dû lutter pendant une heure contre l'envie de vomir que me donnaient la vue et l'odeur des tripes... »

« Le meilleur et le pire », me disait Christiane. Cette fois, dans cet hôpital de première classe où il est si distingué d'avoir été opéré, on a failli connaître le « pire ». Aurait-on traité ainsi un Premier ministre ? Evidemment non. Je me demande même si ses collègues n'ont pas voulu, plus ou moins consciemment, « faire payer » à Suzy ce qu'elles considéraient comme un privilège exorbitant : être opérée, elle, une simple infirmière, dans un hôpital qui reçoit les plus grands. « Non, mais qu'est-ce qu'elle se croit, celle-là ? Elle se prend pour une princesse ?... » A moins qu'elles n'aient agi ainsi par simple indifférence. Par habitude. Quoi qu'il en soit, le cas de la frêle Suzy, stoïque à la douleur avec ses yeux d'orpheline, m'émeut particulièrement. Je publie une deuxième chronique hospitalière consacrée à ses malheurs et cette fois je fais très fort : je l'intitule « Infirmières ou Kapos ? » Les réactions ne tardent pas. La femme d'un ancien ministre ami, qui a été hospitalisé à plusieurs reprises et qui se trouve à nouveau en observation au Gouverneur au moment où paraît mon article, me téléphone : « "Ils" [les médecins du Gouverneur] sont furieux contre vous ! » Elle semble à la fois admirative et effarée : comment ai-je osé ? Ne me suis-je pas rendu compte qu'en écrivant cela je me mettais à dos tous les médecins hospitaliers et prenais le risque de voir toutes les portes se fermer désormais devant moi ?

Non, je ne me suis pas rendu compte. Il m'a paru impensable de respecter « la loi du silence ». Peut-être aussi, plus égoïstement, était-ce ma façon à moi de « résister » au mal et aux médecins. A la bête.

Il est vingt et une heures quarante, ce samedi. Avant de quitter leur service, deux infirmières du jour sont venues m'aider à faire ma toilette du soir et à passer, à la place du tee-shirt de camionneur géant et du caleçon long qui composent ma tenue du jour, ma chemise de nuit. A ma demande, et comme je supporte toujours très mal la position assise ou demi-assise que m'imposent les repas, elles ont abaissé la tête de mon lit à l'horizontale et remplacé le gros oreiller du jour par mon oreiller de bébé. Me voici donc prête pour la nuit. Je n'ai retardé le moment de prendre mon somnifère qu'en raison de la présence de mon frère Thierry — mon ange gardien — qui a fait l'aller-retour depuis Rouen pour m'entretenir des problèmes de Sécurité sociale, d'assurances et assistance juridique dont il s'occupe pour moi. Nous nous apprêtons à nous dire au revoir quand j'entends la porte s'ouvrir. Un homme d'une cinquantaine d'années, de taille moyenne, la face plate, les épaules carrées dans son costume terne, apparaît. Il ne se présente pas. Visiblement, il suppose que je le reconnais. Je ne vais pas tarder à le reconnaître en effet à sa voix et à sa mine sévère : c'est un médecin général de l'Institut, un des personnages qui m'ont fait à mon arrivée une visite conventionnelle.

« J'ai appris, commence-t-il sans même s'enquérir de mon état, que vous aviez publié un article sur nos amis du Gouverneur. Vous n'ignorez pas les relations que nous avons avec eux. Je ne comprends pas du tout que vous ayez pu... je ne comprends pas que vous ne m'ayez pas parlé de ce papier... »

Je suis stupéfaite. Pense-t-il vraiment, comme le Pr Végan, que j'aurais dû le consulter avant d'écrire, puis lui donner ma copie à corriger ? J'essaie de lui expliquer que mon « bloc-notes » est un témoignage très personnel. Je ne prétends pas y faire le tour d'une question mais simplement dire ce que j'ai vu, entendu et ressenti chaque semaine. Rien de plus subjectif. Sans doute, si j'avais fait une grande enquête sur les hôpitaux militaires, serais-je venue l'interroger. Mais tel n'était pas mon propos. En le citant, je n'aurais fait que le compromettre. Je l'aurais mis dans une situation extrêmement gênante vis-à-vis de ses collègues. Tandis que, là, nul ne peut le tenir pour responsable de mes écrits. Mais il hoche la tête.

« Vous avez fait perdre beaucoup de temps aux médecins du Gouverneur, me reproche-t-il. Ils ont beaucoup de travail. Ils se seraient bien passés de cette affaire. »

Du temps ? A quoi faire ? A me maudire ?

« Je ne vois pas en quoi mon article leur a fait perdre du temps. J'aurais préféré qu'ils passent plus de temps à s'occuper de leurs malades... »

Il a alors ce mot terrible :

« D'abord, cette fille, vous ne l'avez même pas rencontrée. Vous écrivez qu'elle est infirmière alors qu'elle n'est qu'aide-soignante... »

En réalité, Suzy — je le revérifierai dès le lendemain — est bien infirmière. Mais la question n'est pas là.

« Je ne savais pas, dis-je d'une voix essoufflée, qu'une aide-soignante n'avait pas le droit d'être soignée correctement... »

Me sentant au bord d'une colère semblable à celle qui me fit quitter l'hôpital Gagarine, mon frère intervient sur le ton conciliateur et ironique à la fois qui lui est familier. Gentiment, il explique au médecin général le contenu de la loi sur la liberté de la presse datant d'un siècle... Le médecin général n'est pas convaincu.

« Il est arrivé à plusieurs reprises que des journalistes écrivent un article sur l'Institut. Ils ont toujours demandé à me voir, ce qui est la moindre des choses, et ils m'ont fait relire leur article...

— Je suis désolée, mais c'est contraire à ma déontologie. Sauf s'il s'agit de vérifier des déclarations, des faits et des chiffres, ce que j'ai fait auprès de l'intéressée. En outre, l'Institut n'était pas en cause. »

Je commence à être fatiguée. Qu'attend-il de moi, à la fin ? Que je lui présente des excuses à genoux ? Que je publie un démenti ? Que j'écrive à ses collègues pour leur dire combien je regrette de m'être trompée ? Une ou deux fois encore, il me répète qu'il ne s'agit « que d'une aide-soignante ». Que j'aie pu lui prêter attention au lieu de m'adresser aux gradés, au lieu de passer, en somme, par la filière hiérarchique normale, voilà qui semble le choquer particulièrement. A bout d'arguments, je finis par lui lancer, sous le regard inquiet de mon frère :

« Ecoutez, général, vous êtes le patron ici. Si vous désirez me mettre à la porte, faites-le. Mais ne me demandez pas de me taire ou d'écrire autre chose que ce que je vois, entends et ressens. Je suis une journaliste indépendante. »

Il a alors ce mot combien révélateur :

« Ici vous n'êtes pas une journaliste. Vous êtes une malade. »

Je me redresse sur mon oreiller de bébé.

« Je suis allongée, je suis handicapée, mais je reste journaliste ! »

A bout d'arguments, il lâche d'un ton moralisateur :

« J'espère que vous allez bien dormir quand même... »

Et il tourne les talons. Il peut être satisfait : j'aurai du mal à trouver le sommeil. Cette nuit-là, je crois revivre le procès du sang contaminé, auquel j'ai assisté. Je revois les Drs Garretta et Allain, côte à côte, séparés par un mur de haine mais proches par le sentiment commun de leur supériorité — de leur infaillibilité. Le président du tribunal les appelait respectueusement « Monsieur le Directeur » ou « Monsieur le Professeur ». Ils répondaient avec condescendance aux questions des avocats. Comment des « non-experts » osaient-ils les interroger et se mêler de problèmes médicaux ? Ce fut l'impression la plus forte que je retirai de ce procès : la santé — notre santé — appartient aux médecins. Même si, comme le Dr Garretta, ils reconnaissent : « Je ne suis pas un médecin qui soigne. » Eux seuls « savent » ce qui est bon pour nous. Que des patients exigent des comptes, osent seulement demander des informations, voilà qui dépasse les bornes ! L'Association des hémophiles a mis des années avant d'obtenir la moindre réponse à ses questions. Edmond-Luc Henry, hémophile contaminé depuis 1984, m'a raconté comment il avait découvert que son médecin traitant — un médecin qui le suivait depuis l'enfance et en qui il avait « une confiance d'enfant » — l'avait fait entrer, à son insu, dans un groupe de malades destinés à « tester » un certain type de produits... ! Pourquoi ce silence ? Comment expliquer ce dévoiement du secret médical — qui n'a servi dans cette affaire qu'à « couvrir » des médecins coupables ? Comment, sinon parce que les médecins s'estiment seuls dépositaires de la connaissance, seuls propriétaires de nos corps, dès lors que nous entrons dans le monde des malades — leur royaume ?

21

Adieu, vie privée

Lundi 18 avril

Un mois bientôt que je suis à l'Institut. Les visages et les voix de tous les infirmiers et infirmières me sont devenus familiers et amicaux. A l'exception de l'imbécile de service, qui me lâche : « Oh, ça n'est rien, je connais ça, ça passera, moi aussi il m'arrive d'avoir mal quand je fais un faux mouvement », alors que je lui demande de maintenir ma jambe en me tournant sur le côté (inutile de lui expliquer que j'ai reçu un cheval de cinq cents kilos...), j'ai du plaisir à les voir entrer dans ma chambre, à bavarder avec eux. Il y a Cécile, la jolie blonde enjouée aux mèches espiègles, dont la silhouette, devinée sous une blouse à demi transparente en « non tissé », fait loucher les visiteurs. Pierrette, forte femme du Nord truculente dont le bon sens et l'impertinence font ma joie. Ah, son récit du dîner qu'elle prépara un soir pour un « monsieur important » que son mari entendait recevoir dignement sans pour autant lever le petit doigt pour aider sa femme : « Des patates et de la compote, comme chez nous... » J'en ai tant ri que tous mes nerfs écrasés se sont réveillés. Mais Pierrette a surtout un cœur en or. Comme Marie-Jo la discrète, qui annonce toujours en entrant « Ce n'est que moi » et fait les piqûres les plus indolores. Il y a aussi Laurence qui ira loin ou qui devrait aller loin (mais jusqu'où peut « grimper » une infirmière remarquable et parfois plus compétente que les médecins qui lui donnent des ordres ?). Chez les hommes, à l'exception du frêle et blond Gilles, si attentif, beaucoup sont d'origine étrangère. Je suis particulièrement en confiance avec Tran, le petit Chinois — en réalité un Cambodgien — tout en nerfs et en muscles et qui, malgré sa petite taille, me soulève en riant (Tran rit tout le temps) comme un fétu de paille. A côté de lui, Peter — un vrai Chinois, lui — a l'air d'un colosse...

Tous habitent la banlieue ou un quartier lointain comme la porte des Lilas, ce qui leur impose deux à trois heures de transport par jour. Pour les femmes de l'équipe de l'après-midi, qui rentrent chez elles vers vingt-deux heures, cela pose aussi un problème de sécurité. Un soir, l'une d'elles s'est fait agresser par deux voyous qui lui ont volé son sac. Au commissariat de police où elle est allée porter plainte, elle s'est entendu dire : « Que faisiez-vous seule dans la rue à cette heure-là ? » Aucune, pourtant, ne se plaint de son sort. J'admire leur courage et leur gaieté. J'aime leur attachement à leur province — dont nous parlons lorsque l'une d'elles vient me dire au revoir parce qu'elle part en vacances — et leur goût de l'indépendance mêlé à un profond amour de leur famille. Comment leur exprimer mon estime et ma reconnaissance ? Elles aiment les fleurs. Elles admirent celles que je reçois. Souvent même elles les emportent une fois fanées pour les replanter dans un jardin ou bien, comme Lélia, la jeune Thaïlandaise artiste, en faire des fleurs séchées qu'on dirait en soie. Pour le 1er mai, je ferai livrer à chacune d'elles un gros bouquet de muguet...

Mes journées s'organisent, mais j'ai toujours du mal à trouver du temps — du temps utile, où je ne sois pas trop abrutie — pour travailler. « Le métier de malade », ai-je coutume de dire en riant au téléphone à ceux de mes amis qui s'étonnent que je ne puisse recevoir leur visite l'après-midi même, « est un métier à temps plein ».

Après le petit déjeuner, vers huit heures, passe le ou la kiné du matin pour un rituel « massage abdominal »... toujours ces obsédants problèmes de paralysie intestinale, communs à tous les « allongés »... Un matin, une jeune et ravissante intérimaire aux yeux verts maquillés et aux ongles vernis entreprend d'aider à la résorption de mon hématome par un massage par vagues qui me fait tressaillir brutalement. « Mais... vous me faites très mal ! » Je regarde ses ongles, longs et pointus. Elle s'étonne. « Vous êtes la première personne à me dire cela. » C'est ainsi que je découvre que les tétraplégiques et paraplégiques en fauteuil roulant, qui constituent l'essentiel de la population de ce service de rééducation, ont perdu toute sensibilité au-dessous de la ceinture, mais aussi, pour la plupart, tout contrôle de leurs fonctions intestinales et toute activité sexuelle. Comment peuvent-ils ne pas être complètement déprimés ? Ce sera le sujet de ma longue conversation du soir avec Fred. Tant de drames professionnels et familiaux, tant de divorces après un accident... Peu de suicides, cependant : sans aide une personne dépendante ne peut même pas se suicider.

Après la toilette du matin, on m'habille d'une tenue souple — le plus souvent, un survêtement blanc — et l'on me recouche, en socquettes, sur le lit recouvert de son dessus-de-lit. J'y tiens beaucoup : c'est un progrès de ne plus recevoir en chemise de nuit sous mes draps. Mon cousin Pierre l'ancien ambassadeur m'apporte les journaux du matin. Il me reste une petite heure pour lire ou travailler avant le déjeuner.

Pour m'aider à prendre mes repas, mes amis ont organisé une chaîne. A midi pile, ils sont là, malgré le bureau, les rendez-vous, les embouteillages. Pierre le gourmet m'apporte des asperges vertes cuites *al dente*, comme il sait que je les aime. Christian le pianiste découpe à merveille les pamplemousses roses. La plupart des hommes m'apportent du vin, que je suis incapable de boire, l'abus des calmants m'ayant rendue pour longtemps allergique à l'alcool comme au café ; les femmes rivalisent d'imagination pour me confectionner des petits plats appétissants et légers qu'elles réchauffent dans le four à micro-ondes des infirmières.

Nicole est la spécialiste des haricots verts fins, Catherine celle des salades de fruits frais... Je n'ai pas faim et souvent mes visiteurs terminent mon plateau. Mais c'est, avec le dîner vers dix-neuf heures, le moment le plus gai de la journée.

En dehors de ces heures, je redoute les visites qui perturbent toujours un emploi du temps bien réglé: à quatorze heures, j'essaie de faire la sieste. A quinze heures, passe le kiné de l'après-midi, qui tente de remettre doucement en route mes circuits internes en m'apprenant à respirer profondément et, à défaut d'exécuter des mouvements, à résister avec mes pieds, mes genoux et mes cuisses aux pressions de ses mains.

Ensuite, vient la séance de « verticalisation ». Au bout d'un mois en position couchée, je suis incapable de m'asseoir bien droite sans avoir la tête qui tourne. La kiné remplaçante du dimanche a essayé de réaliser un exploit en m'asseyant au bord de mon lit. « Respirez, respirez bien, regardez droit devant vous... » Les arbres de la cour ont tournoyé. Or, il est prévu que le 8 mai, date de réouverture de la piscine, actuellement en réparation, on m'immergera dans l'eau chaude et, portée miraculeusement par les flots, je marcherai! A condition que, d'ici là, mon corps ait refait l'apprentissage de la position verticale. Chaque jour, donc, on incline mon lit à trente degrés pendant une demi-heure. Le Dr Folon est venu spécialement avec un compas faire une démonstration aux infirmiers de l'après-midi chargés de cette opération. Trente degrés ce n'est rien, et pourtant c'est un effort considérable. A la fin, je respire difficilement, j'ai les jambes qui gonflent, je résiste, de minute en minute, à la tentation d'appuyer sur la poire de la sonnette, pour hâter l'instant de la délivrance.

Bientôt on me descendra en salle de rééducation pour m'allonger sur un plan inclinable qu'on relèvera chaque jour de cinq degrés: à quatre-vingts degrés, cuisses et poitrine attachées avec des sangles pour ne pas basculer en avant, regard fixé vers le haut de la fenêtre en face, le vertige vous saisit. Un gouffre s'ouvre sous vos pieds...

Après cela, je suis fatiguée et anxieuse : si un visiteur survient à l'improviste avant l'heure du dîner, je n'aurai plus un moment à moi.

La chambre est exiguë et il arrive que des visiteurs, assis à l'étroit sur l'unique fauteuil de skaï coincé entre le lit et la fenêtre, posent tout naturellement le pied sur l'un des montants latéraux du lit. Comment leur avouer que ce seul geste provoque des élancements douloureux ? Je crains, en le disant, de les blesser et de les faire partir. Mais la peur de subir cette petite torture me crispe d'avance quand je les vois s'asseoir de côté et me rend encore plus maniaque, le matin quand on a fait le ménage de la chambre, et que deux infirmiers costauds remettent en place mon lit : « Non, pas ici, un peu plus près du placard, encore, là... »

Le pire, ce sont les gens qui, par un geste d'affection ou par commodité pour vous aider à manger, s'assoient au bord du lit : ils n'imaginent pas qu'un affaissement de quelques millimètres suffit à perturber un équilibre si difficilement atteint et à provoquer des spasmes douloureux. Je tâcherai de m'en souvenir plus tard, quand j'irai visiter des malades. Le plus fréquent, cependant, ce sont les visites trop longues. Ou les visites à un moment inopportun. Un matin, avant la toilette, alors que je suis dans une position douloureuse sur le bassin, fait irruption un inconnu. Il se présente : le Dr X, médecin personnel d'un célèbre académicien, qui l'a envoyé s'enquérir de ma santé. Je suis flattée, bien sûr. Mais j'aimerais lui faire comprendre que je n'ai aucune envie, pour le moment, de parler chevaux, école de Saumur et école espagnole de Vienne. Le Dr X repartira comme il est arrivé : sans s'être rendu compte de rien. Moi, j'aurai passé vingt minutes à lutter contre des contractions et à tenter de faire glisser subrepticement sous les draps le bassin qui me blesse les reins...

Un autre matin, Isabelle, l'étudiante qui m'aide à réunir ma documentation, s'est proposé de venir prendre des notes sous ma dictée. J'ai accepté avec reconnaissance.

Avec le harnachement qui me bloque les épaules, m'appuie sur la nuque et le dos et me scie le dessous des bras, j'ai de la difficulté à écrire moi-même. Je ne forme les mots que maladroitement et lentement. Or je ne m'habitue pas au magnétophone : j'ai du mal à improviser seule devant mon micro quand je sais qu'à tout moment je risque d'être interrompue. Isabelle est ponctuelle. Elle arrive à onze heures. Nous disposons d'une heure. A peine est-elle débarrassée de son imperméable, de son parapluie et des questions d'usage sur ma santé (que répondre à « Vous ne souffrez pas trop ? ») et installée dans le fauteuil, stylo en l'air, qu'entre un homme de belle allure que je reconnais, bien qu'il ne porte pas son uniforme.

« Ah, général, quelle bonne surprise ! Comme c'est gentil... »

Des deux mains, le général s'appuie au montant métallique au bout de mon lit. Comment soupçonnerait-il qu'en m'infligeant ce léger balancement, il m'envoie des ondes douloureuses dans les jambes, les reins, le dos et les épaules ? Nous parlons de Sarajevo et du général Morillon. Des légionnaires aussi, qui font la gloire de cet établissement. Le ministre François Léotard est venu les voir. Le Premier ministre viendra bientôt...

« Je nc vous fatigue pas, au moins ? s'enquiert le général.

— Pas du tout. Au contraire. C'est passionnant... »

Isabelle rebouche son stylo. Le général s'assied. Quand il se lève, on apporte le plateau du déjeuner et Isabelle n'a que le temps de me couper mon poulet avant de repartir avec son grand cahier vierge.

Tant pis, j'essaierai d'écrire seule cet après-midi. Entre la séance de kiné et les visites de mes amis j'ai un moment tranquille, si les exercices respiratoires ne me donnent pas trop envie de dormir. Après m'avoir fait bouger les pieds d'avant en arrière et de gauche à droite (« Appuyez sur ma main... résistez, résistez... »)

pour réveiller les muscles, Loïc le kinésithérapeute, jeune homme discret à la voix douce, m'apprend à respirer, en plaçant la main sur mon ventre. « Inspirez en gonflant bien le ventre, gonflez... expirez, le dos à plat, redressez légèrement la nuque... » Je découvre que je ne savais pas respirer. Comme la plupart des Français auxquels on a appris à bomber le torse (« Tiens-toi droite, rentre ton ventre »), j'inspirais uniquement en gonflant les poumons et je n'utilisais, pour parler — forcément pointu, comme les gens du Nord — que ma gorge et mon nez, alors que c'est du diaphragme que doit partir le son, pour s'épanouir et porter loin.

Cet exercice m'amuse et me saoule.

On frappe à la porte. C'est la générale, belle femme blonde enveloppée dans un châle noir qui ne dissimule pas ses formes épanouies. Elle s'avance, les yeux pétillants, la bouche pleine de mots d'amitié.

« Je dois vous demander de nous laisser un instant, madame », dit doucement Loïc, le kiné.

Dans un ample mouvement qui trace un cercle de parfum, la générale opère une élégante retraite dans le couloir.

Loïc parti, elle vient s'installer à mon chevet. Elle paraît heureuse de me recevoir dans sa maison. Régulièrement, elle visite ainsi ses hôtes. Pas tous, bien sûr. Il y en a — des légionnaires étrangers par exemple — qu'il lui est difficile d'aborder. Elle ne veut pas s'imposer.

On gratte à la porte. Une petite voix que je connais bien lance : « Ce n'est que moi ! » C'est Marie-Jo l'infirmière de l'après-midi pour ma piqûre quotidienne d'anticoagulant — cette piqûre qui va bientôt faire de mon ventre et de ma cuisse gauche des spécimens intéressants de bleu d'Auvergne...

« Vous voulez bien sortir un instant, madame, s'il vous plaît ? » demande Marie-Jo, avant de soulever mon drap.

Une ombre passe sur le visage si aimable de la générale.

« Je voudrais bien tout de même que l'on puisse parler cinq minutes », lâche-t-elle, un peu déçue.

Avec réticence, elle se lève et sort. Je me demande si elle va revenir. Mais si. La voix de Marie-Jo me prévient.

« Voilà, madame, vous pouvez rentrer. Vous voyez, ça n'a pas été long... »

La générale entre et se rassied. Le téléphone sonne. C'est François. Peut-il passer vers dix-neuf heures ? Oui, bien sûr, il me fera manger mon yaourt, à la becquée. Mais... nous risquons de ne pas être seuls. Tout de suite, non, je ne peux rien lui dire... Non, je ne suis pas seule...

Un malade hospitalisé n'est jamais seul. Toute vie affective privée lui est interdite. Encore heureux si le mari et l'amant ne tombent pas nez à nez dans le couloir. Encore heureux si celui qui règle la note de téléphone n'en épluche pas le relevé détaillé ! Un malade est toujours un peu un enfant pris en faute.

« J'espère que je ne vous dérange pas, dit la générale visiblement convaincue du contraire.

— Pas du tout. Je suis très flattée. J'ai eu l'honneur ce matin d'avoir la visite de votre mari. »

Pour me témoigner sa sympathie, elle me raconte leurs débuts difficiles, et ses problèmes de santé — une arthrose qui la faisait déjà souffrir toute jeune maman, quand elle avait tant de mal à soulever son bébé. Maintenant, elle a été opérée des pieds et comme elle doit recevoir fréquemment, elle souffre beaucoup. Hier soir...

Les visiteurs aiment à parler de leurs problèmes de santé. Ils pensent que cela nous soulage, que nous nous sentirons un peu moins seuls... moi, je regarde par la fenêtre le jour qui baisse.

François va arriver. Pourvu qu'il n'y ait pas d'autres visiteurs.

22

Attention ! Vous devenez toxicomane !

Elle arrive tous les soirs vers dix-huit heures trente. D'abord c'est une douleur sourde, diffuse, du côté de ma hanche « sidérée ». Puis elle gonfle ma cuisse. Je la sens, là, physiquement, sous ma main, comme une proéminence qui se déplace vers le genou mais qui accapare tout mon corps, jusqu'au visage que je sens se figer. La Bête. Avec le dîner, viennent les comprimés qui vont provisoirement apaiser sa faim. Mais je sais qu'elle me guette, prête à bondir dans la nuit. D'où vient-elle, pourquoi ? Le Dr Folon a pensé d'abord à un hématome, qui se diffuserait de ma hanche vers ma cuisse. Mon rhumatologue, le Dr Filippi, a hoché la tête. « Il ne faudrait pas que cela fasse un hématome étranglé. » Ils ont tâté ma cuisse, palpé mon genou. Et si c'était un simple épanchement de synovie ? Une radio et une échographie n'ont rien montré. Alors ils ont prononcé des mots bizarres — « algo-neuro-dystrophie » —, un phénomène bizarre aussi, où la décalcification des articulations d'un membre se complique de problèmes circulatoires et d'un « engourdissement » des muscles qui n'ont pas été irrigués... Peut-être, a suggéré le Dr Filippi, faudrait-il m'envoyer à l'Hôpital américain faire une scintigraphie osseuse ? Le Dr Folon n'a pas apprécié cette idée. En attendant, on a essayé la glace, qui n'a fait qu'accroître la douleur. Puis on m'a entouré chaque soir le genou d'une épaisse compresse bleue contenant du « gel d'alumine ». Cela faisait du bien tant que c'était chaud, c'est-à-dire pendant cinq minutes. Ensuite, l'humidité l'emportait et aggravait le mal. Finalement, je me soigne moi-même en déplaçant le long de ma cuisse une petite couverture chauffante achetée en pharmacie par un de mes nombreux anges gardiens...

Mais ma meilleure arme, c'est le travail. A dix-neuf heures trente, quand on vient m'enlever mon plateau, je veille jalousement à ce que l'on dispose à portée de main sur la table mes livres, mon cahier, mes stylos-feutres. Et à vingt heures trente, aussitôt le journal télévisé terminé, j'essaie d'écrire, le cahier posé sur mes cuisses, adossé au rebord de la tablette. Me battre avec une phrase, que je coupe, rallonge, retourne dans tous les sens, me fait tout oublier — y compris la télévision de ma voisine et, pire encore, le bruit de son pied plâtré sautillant sur le dallage jusqu'à une heure tardive, et le chuintement de l'ordinateur qu'elle aime, elle aussi, faire travailler la nuit. J'écris jusqu'à ce que la douleur m'obnubile et que je ne puisse plus résister au désir d'allonger le bras vers le calmant et le somnifère, en attente sur ma table de chevet. « Vous alors ! » me disent les infirmières qui viennent me masser les fesses et les talons après dîner, avant de quitter le service. « Vous alors ! » s'exclame à son tour l'infirmier de nuit, qui passe vérifier si mes rideaux sont fermés et si je n'ai pas besoin du bassin avant de dormir. Ce « vous alors ! » ne m'emplit pas d'orgueil. Ecrire et lire, ces deux exercices me sont aussi indispensables que les exercices respiratoires quotidiens. C'est le seul espace de liberté qui me reste. Avec mon cahier à la verticale, c'est un rempart que je veux dresser contre les intrus et les bavards, et contre la bête qui se tourne et se retourne en moi comme si elle était chez elle...

Quand maman m'appelle, ce soir-là, je ne l'accueille pas bien. Toute contente de m'annoncer une bonne nouvelle, elle m'apprend que « Karine, tu sais bien, la fille d'Anne-Marie M. » a un ami qui est chirurgien à l'Institut. Elle lui a parlé de moi. Et il passera me voir... Tant d'attention devrait me toucher. Au lieu de quoi, j'explose : encore un qui va débarquer à l'heure de ma toilette ou de ma sieste, m'interroger, me faire raconter mon histoire et me « tenir la jambe » pendant une heure avec des souvenirs d'équitation ! J'en ai assez de ce défilé devant mon lit ! « Je ne suis pas la momie de Toutankhamon ! » La pauvre maman en restera bouleversée, persuadée que le caractère de sa fille s'altère gravement et que son traumatisme crânien est plus grave que ce qu'on lui avait annoncé.

En réalité, cette douleur qui me tenaille me rend encore plus impatiente que je ne le suis habituellement. Pourquoi apparaît-elle maintenant et à cette heure-ci ? Est-ce l'effet des séances de kinésithérapie ? De la « verticalisation » ? La fatigue, simplement, de la journée ? Les calmants n'agiraient-ils plus ? Ou bien se passe-t-il en moi quelque chose d'anormal ?

Car la douleur — qui semble toujours étonner les médecins comme un incident de parcours non prévu et qui les laisse incrédules comme si tout se passait dans notre tête à nous les malades (« La tête a bon dos ! » me dira un jour avec humour Louis Pauwels avec qui j'échangerai mes impressions d'hôpital) —, la douleur, toujours mystérieuse, suscite forcément une interrogation et une angoisse : d'où vient-elle ? pourquoi aujourd'hui plus qu'hier ?

Devant cette angoisse, le malade est seul. Personne n'a de réponse à lui apporter. Comme le dit Jean-François Deniau, qui a une longue expérience hospitalière : « Les médecins nient la douleur car ils ne savent pas la mesurer. Ils n'ont pas d'instrument pour cela. »

Autour de moi, pourtant, je sens bien que l'on s'inquiète. Il y a des conciliabules dans le couloir, mes proches harcèlent de questions le Dr Folon qui jure que je trotterai « comme un lapin » en juillet. Mais cette assurance ne leur suffit plus. Mon fils Antoine veut porter mes radios à un grand spécialiste qu'on lui a recommandé. Des amis me recommandent tel ou tel chirurgien célèbre. J'hésite — toujours la peur du changement, la peur de sortir du petit cocon que l'on a réussi à se constituer pour être malmené ailleurs. La peur d'affronter d'autres douleurs, inconnues...

Une série de mauvaises nuits va me décider. A deux heures du matin, je suis réveillée par de violents coups de poignard dans la cuisse. Même le Temgésic — dont j'ai maintenant ma réserve secrète à portée de main — n'y fait rien. Je sonne l'infirmière de nuit, lui demande quelque chose de plus puissant. C'est une femme souriante mais très « cheftaine », très « catho », très « à cheval sur les principes ». Or, comme beaucoup d'infirmières ici, elle a un principe sacro-saint : la morphine et ses dérivés vous entraînent nécessairement dans l'enfer de la toxicomanie. Tandis que la douleur, je le soupçonne, malgré la réelle sympathie qu'elle me manifeste, a pour elle un côté salutaire. C'est une « rédemption »...

Les coups de poignard ne se calment pas. Bientôt, ce sont de véritables décharges électriques qui me parcourent toute la jambe et le dos. Secouée de sanglots silencieux, sans larmes, je suis en perdition. A quatre heures du matin, j'appelle Ninon au téléphone. Elle comprend tout de suite que c'est grave. Je ne sais pas comment elle se débrouille, comment elle obtient de l'infirmière de nuit ou du poste de garde un laissez-passer mais, quelques minutes plus tard, elle est à mon chevet, maternelle et apaisante. Elle me pose des compresses brûlantes, me parle. Entre-temps, le dérivé de morphine a fini par agir. Je m'endors vers cinq heures trente pour être réveillée à sept heures par l'infirmière du jour armée de son thermomètre et d'une seringue pour me faire une prise de sang. L'infirmière de nuit a dû faire son rapport. En tout cas, vers neuf heures, alors que je suis allongée nue sur des serviettes, les jambes écartées, aux mains de deux infirmières qui me savonnent chacune un mollet, Mme Dansette, la blonde et avenante surveillante, survient. « Vous avez un corps de jeune fille », s'émerveille-t-elle. Mais je ne suis pas d'humeur à goûter le compliment. Quand elle ajoute : « Il paraît que vous n'avez pas passé une très bonne nuit. » J'ironise : « Vous voulez dire que j'ai passé une nuit exécrable ! » Je ne supporte plus de dormir — ou plutôt d'essayer de dormir — sur le dos, avec une jambe immobilisée dans une « botte » de mousse pour éviter les escarres, la nuque et les bras sciés par un harnais qui me fait en outre transpirer. Et maintenant, ces coups de poignard... « Il me faut un somnifère plus efficace... » Elle sourit, compatissante.

« C'est souvent ainsi : on souffre davantage la nuit, à cause de la solitude. Parce qu'il y a moins de visites le soir que dans la journée... »

Sa réflexion me stupéfie : « Moins de visites le soir ? » Mais c'est justement le soir que je convie mes amis, pour disposer d'un moment de calme dans l'après-midi. Et puis quel rapport ? Le seul fait d'avoir de la compagnie à l'heure du dîner devrait-il m'empêcher de souffrir la nuit ? Comme si tout se passait « dans ma tête » ! Comme s'il n'existait aucune raison valable à mes souffrances ! Oublie-t-elle que, dans la journée, j'ai droit à des calmants toutes les quatre heures alors que, la nuit, il me faut effectuer une longue traversée de douze heures avec pratiquement la même dose ? Me prend-elle pour une malade imaginaire ? Mme Dansette paraît stupéfaite. Apparemment, aucun patient ne lui avait jamais fait une telle « sortie ». Moi, j'ai dans l'oreille la phrase de Christiane : « Vous avez raison, Christine, il faut se révolter ! Si les malades ne se révoltent pas, on les tue ! »

Soyons sérieux : même aux pires moments, je n'ai jamais pensé que l'hôpital pourrait me tuer ! Mais que l'on puisse me laisser souffrir des mois avec une hanche de travers, une jambe paralysée et des nerfs coincés, je commence à le redouter.

Je ne suis plus disposée à attendre patiemment que les choses se passent. Je ne veux pas m'« installer » dans la peau d'une handicapée.

Ma révolte a fait de moi « un cas ». Toute la journée, les blouses blanches défilent à mon chevet. L'assistant du chef de service, un barbu à la silhouette lourde, vient me révéler gravement que, selon les analyses pratiquées ce matin, mes « enzymes hépatiques » ont triplé. Mon foie n'en peut plus de l'abus de médicaments. Je risque de faire une hépatite et d'être condamnée, toute ma vie, à me priver de vin et de champagne... J'ai beaucoup de mal à le croire. C'est peut-être vrai pour les calmants « classiques » qui ne me font d'ailleurs plus d'effet — mais le Temgésic... A ce mot, il paraît horrifié. « Savez-vous, me dit-il, qu'il y a des gens qui agressent des pharmacies pour voler du Temgésic ? » Tant d'ignorance satisfaite m'exaspère.

« Il y a même des gens qui les dévalisent pour de l'alcool à 90° ! lui fais-je remarquer. Mais ces gens-là sont de vrais toxicomanes. Pas des malades traités aux dérivés de morphine. Renseignez-vous, je vous en prie ! Rendez-vous à des congrès sur la douleur ! Informez-vous auprès de grands patrons de cancérologie, comme le Pr Israël, qui utilisent couramment ces médicaments. Ils vous diront qu'ils ne provoquent aucune accoutumance... »

Bien entendu, je ne le convaincs pas. Durant les semaines suivantes, la guerre psychologique pour m'amener à réduire mes doses de calmants au nom de mes « enzymes hépatiques » ne cessera plus.

En attendant, le Dr Filippi appelé au secours me prescrit des anti-inflammatoires. Il passe me voir un soir, avec son ordonnance. Une nouvelle discussion, âpre sous le jargon d'experts, s'engage à mon chevet avec le Dr Folon dont je voudrais obtenir l'accord.

Finalement, il est décidé de me donner un anti-inflammatoire le soir même pendant le dîner. Mais le Dr Folon s'y résigne de mauvaise grâce. L'un des premiers commandements qui lui fut enseigné, étudiant en médecine, rappelle-t-il à son cher confrère, était de ne pas dépasser neuf médicaments par jour. Souci de ne pas franchir la barre des onze ou douze ? Oubli des infirmières ? Personne ne me parlera d'une potion destinée à protéger l'estomac des agressions des anti-inflammatoires.

Cette nuit-là, je serai donc réveillée par de violentes brûlures d'estomac, que ne parviendra pas à apaiser une bouillotte apportée par une infirmière compatissante... Serais-je victime d'un « acte manqué » ?

Au cours de leur discussion, Folon et Filippi sont au

moins tombés d'accord sur un point : je dois repasser une série de radiographies. Après quoi, je retournerai voir « mon » chirurgien, le Pr Végan. Pour moi, il n'en est pas question. Je ne retournerai pas à l'hôpital Gagarine, fût-ce pour une simple consultation. Dans ce cas, Filippi propose de m'amener deux amis : un couple de jeunes chirurgiens, dont l'un est l'élève de l'illustre Pr Letournel et en qui il a une grande confiance. Le Dr Folon acquiesce, non sans agacement : demain soir ? Soit. Mais demain soir, il sera absent. Une conférence...

23

La « gégène »

Grand émoi à l'Institut. Les infirmières sont prévenues. L'une d'elles a été chargée d'ouvrir la porte du bureau du chef pour montrer mes radios. Je sens que la visite annoncée de ces deux chirurgiens et de l'ami rhumatologue est un petit événement. Elle constitue ma deuxième infraction de taille aux règles non écrites de l'Institut : je fais venir des médecins non militaires. Des médecins « de l'extérieur » !

A l'heure du dîner, le Dr Filippi arrive le premier. Il semble anxieux : il est invité à dîner chez son « patron » hospitalier et craint d'être en retard. Ou bien, c'est cette situation conflictuelle qui le gêne. A moins, plus simplement, que mon état ne le préoccupe. Mais cela ne me vient pas à l'idée sur le moment.

Nous attendons jusqu'à vingt heures trente l'arrivée de ses amis, retenus par des consultations dans leur clinique et leur hôpital respectifs. Dès qu'ils entrent, je me sens en confiance. Ils emplissent la petite chambre de leur présence rassurante. Marie, blonde à l'allure d'écuyère solide aux cheveux courts, aux traits réguliers et aux yeux clairs, s'impose par sa voix de stentor. Au bout de deux minutes, j'apprends qu'elle partage ma passion pour les chevaux. Alain, la quarantaine, est plus discret. Mais l'on devine chez lui une grande finesse — qualité réputée assez rare chez un chirurgien — et une grande autorité naturelle. Tous deux m'examinent et concluent immédiatement à une paralysie du nerf sciatique et du nerf crural — le nerf qui passe sur le devant de la cuisse et qui me fait tant souffrir la nuit. Si ces deux nerfs sont prisonniers dans le col osseux de consolidation du bassin, une intervention chirurgicale peut se révéler nécessaire. Ils sont en train d'examiner mes radios et de bougonner que, bien entendu, le scanner effectué à l'hôpital Gagarine est incomplet (il ne couvre qu'une partie de la zone critique et ne permet pas de conclure), lorsque la porte s'ouvre : entre le Dr Folon en costume marine. C'est la première fois que je le vois en « civil » et son apparition est d'autant plus saisissante. Il a le visage fermé. « Je croyais que vous ne deviez pas être là... » remarque maladroitement Filippi, ce qui n'arrange rien.

Avec calme et douceur, Alain livre ses premières conclusions : il faudrait refaire un scanner et pratiquer un « électromyogramme » pour trouver la cause de la paralysie de ces deux nerfs...

« Paralysie ? » Le Dr Folon se fige. Le mot sonne pour lui, dirait-on, comme une insulte personnelle. « Je ne vois pas pourquoi..., articule-t-il. C'est inutile... » Et, tournant les talons, il s'en va. La scène a été brève, mais d'une grande intensité. Mes trois médecins restent un moment stupéfaits. « Bon... », laisse enfin tomber Alain. Puis ils reprennent leur discussion et téléphonent à deux confrères. Rendez-vous est pris dès le surlendemain matin pour un scanner à la clinique de la porte de Choisy. Et quelques heures plus tard, pour un électromyogramme chez un neurologue du 17e arrondissement. Ce mot barbare ne me fait pas peur : j'ai confiance. Me voilà prise en main par une équipe jeune, brillante et énergique. Enfin, on va agir ! Que ne l'a-t-on fait plus tôt ! Marie est étonnée que le Pr Végan ne m'ait pas opérée. D'habitude, pour ce genre de cas, il demande conseil aux spécialistes de la chirurgie de la hanche et du bassin. Pourquoi ne l'a-t-il pas fait ? Est-il trop tard ? Je préférerais affronter une opération que rester handicapée toute ma vie. Or, ce que je comprends des radios — où l'on voit une hanche en équerre, totalement asymétrique par rapport à l'autre — ne me laisse rien augurer de bon.

Mais, d'un autre côté, les os sont déjà presque ressoudés. Il faudrait recasser... Marie ne m'opérera que si cela se révèle vraiment nécessaire.

Vendredi 23 avril

Voilà un mois que je n'avais pas mis le nez dehors. Paris a changé. Par la vitre de l'ambulance qui me conduit à la porte de Choisy, j'aperçois des arbres en fleurs, des femmes en tailleur. C'est le printemps, la vie renaît et je sens que je vais renaître moi aussi. D'ailleurs, Marie a dit : « Je veux vous voir debout dans huit jours. » Debout ? J'ai peine à l'imaginer. Mais je veux croire au miracle de la piscine. Aux miracles de la médecine.

Le scanner est effectué rapidement, sans attente, à la porte de Choisy où le chef du service de radiologie, dûment prévenu, m'accueille personnellement. L'ambulance me ramène pour déjeuner et, pour la première fois depuis longtemps, je mange de bon appétit.

A seize heures, deux infirmiers viennent me rechercher. Ils ont passé une cape de drap bleu marine sur leur blouse blanche et m'enveloppent dans une grosse couverture. Il fait froid, soudain, puis très chaud. Une poussée de fièvre — ou d'angoisse. Lorsque mon brancard pénètre dans la salle d'attente du neurologue, au rez-de-chaussée d'un immeuble, et que je vois la porte du cabinet s'ouvrir, j'ai horriblement soif. On m'introduit dans une petite pièce lambrissée d'acajou et meublée d'un bureau et d'une table d'examen, à côté de laquelle luisent des instruments d'acier poli. Mes deux infirmiers me soulèvent du brancard pour me faire passer sur la table inclinable. A la demande du médecin, un homme courtois mais peu chaleureux, que l'on devine méthodique et efficace, ils m'ôtent mes chaussures de tennis, mes socquettes, mon caleçon long et mon slip. Le médecin note soigneusement mes nom, âge, adresse ainsi que la date et les détails de l'accident. Son assistante, en blouse blanche, attend. Il m'explique que l'examen consiste à planter des électrodes tout le long du membre concerné pour mesurer les réactions des nerfs. Je sens des gouttes de sueur perler à la racine de mes cheveux. Je lui demande un verre d'eau. « Quand ce sera fini, si vous avez été sage », dit-il d'un ton ironique. Et je songe que Barbie devait avoir la même voix. Une voix de tortionnaire, de sadique. Pourquoi est-ce que je ne me révolte pas à ce moment-là ? Au lieu de cela, j'essaie de crâner, d'ironiser moi aussi. « Vous auriez pu accrocher des gravures au mur, dis-je en regardant les panneaux d'acajou. Au moins, on pourrait fixer son attention sur quelque chose... »

Il commence par la fesse. Je crois entendre le bruit de l'aiguille qui crève la peau et je sursaute violemment, en serrant les dents pour ne pas crier. « Ne bougez pas », dit-il, pendant que son assistante me maintient la jambe. Puis il attaque la cuisse. Entre chaque banderille, je reprends plus difficilement mon souffle. Il s'arrête sur le genou, où l'aiguille pique directement dans l'os avec un bruit dur. Le mollet, maintenant. Il crève les muscles (ceux qu'il me reste) au dos et sur le devant de la jambe. La cheville. Le pied. Il cherche une faille entre les os... Combien d'électrodes ? Combien de minutes passées sur cette table de torture ? Une heure ? Davantage ? Si au moins j'avais une adresse, un nom à crier, que cela cesse. Avec désespoir, je songe que si j'avais été torturée par les nazis pendant la guerre, j'aurais parlé... Mais là, que dire ? Craintivement, j'interroge l'homme en blouse blanche : « Il y en a encore beaucoup ? — Quelques-unes », répond-il. Mes paroles me paraissent saccadées. Mon corps n'est plus qu'une série de convulsions électriques.

Le retour en ambulance est épouvantable.

Sous ma couverture, je guette chaque virage, chaque coup de frein qui relance une série de décharges. Gilles, le jeune infirmier d'ordinaire si aimable et si disert, ne dit rien. Faussement attentif au spectacle de la rue, il évite de me regarder.

Lorsque j'arrive dans ma chambre, une infirmière

m'attend avec un comprimé de Temgésic. Elle savait. Tout le monde savait donc. Pourquoi les médecins n'ont-ils rien prévu ? Pourquoi n'ont-ils pas ordonné qu'on me fasse une piqûre calmante dès la fin de l'électromyogramme ? Et le neurologue ? Pourquoi ne m'a-t-il rien donné avec le verre d'eau final ? Mais ces questions, je me les poserai plus tard. Pour le moment, je suis incapable de réfléchir. Secouée de sanglots sans larmes, incapable d'articuler un mot, je me recroqueville. La douleur emprisonne. Je ne serai pas étonnée, plus tard, d'apprendre que les grands brûlés et les polytraumatisés font souvent des dépressions nerveuses. Le seul langage possible, dans ces moments-là, c'est celui des mains. Isa, qui était venue me faire dîner (je ne dînerai pas, bien entendu), le comprend d'instinct : dès qu'elle me voit arriver, elle pose la main sur la mienne.

Sur le compte rendu de son examen — qui me parviendra dès lundi — le neurologue a inscrit : « A revoir dans trois mois. » Cela jamais ! Plutôt me jeter par la fenêtre !

24

En fauteuil roulant

Lundi 26 avril

Une bonne nouvelle : mes nerfs ne sont pas coincés entre les os du bassin. Ils ont, simplement, été écrasés et étirés sous le choc. Il faudra attendre trois, quatre, cinq mois pour qu'ils se reconstituent et les douleurs, m'assure-t-on, iront s'apaisant. Mais à partir de quel moment ? Ont-elles atteint leur maximum ou vont-elles encore augmenter ? Toujours l'angoissante question, sans réponse. Je n'ai qu'une consolation : personne n'ose plus laisser entendre que tout cela se passe dans ma tête, faute de distractions et de visites. La souffrance n'est pas mesurable mais sa cause, elle, l'a été. Par une vingtaine d'électrodes... D'une certaine façon, cela va mieux : maintenant je connais l'ennemi. Et puis, depuis que Marie m'a dit : « Je veux vous voir marcher dans huit jours », quelque chose a changé dans ma tête. Dans mon corps aussi, puisque l'on me descend désormais chaque jour en salle de rééducation. Un personnage très important a fait son apparition dans ma chambre étroite : le fauteuil roulant. Pour beaucoup, c'est le symbole d'une vie à jamais handicapée. Pour moi, ce fauteuil de plastique gris dont les montants métalliques blessent le dos est la première étape du redressement. Le passage tant espéré entre la position allongée et la position debout. Quelle histoire pour m'y installer ! Deux infirmiers costauds sont nécessaires. Ils m'assoient au bord du lit et, tandis que l'un me soutient les reins et la jambe abîmée — pour éviter qu'elle ne se détende brusquement —, l'autre me prend sous le bras gauche, me fait pivoter et m'assoit sur le fauteuil. Ensuite, on me glisse un oreiller dans le dos, on ajuste la position de mes pieds sur le repose-pieds. Dans l'opération, mon pied droit a effleuré le sol et j'ai été étonnée de ne rien sentir. Je me demande si ma jambe droite n'a pas raccourci.

En réalité, je ne m'inquiète pas trop jusqu'au jour où le Dr Van Dahaene, mon médecin généraliste, le bon docteur en qui j'ai tellement confiance, me rend visite. Après avoir passé un long moment avec le chef du service de rééducation à examiner mes radios et mon scanner les plus récents, il revient dans ma chambre, s'assoit, et sort de sa serviette un bloc de papier et un stylo. Je souris. Le Dr Van Dahaene adore faire des dessins pour expliquer leur cas à ses patients. Mais cette fois, il ne se contente pas de dessiner. Méticuleusement, il découpe son dessin, en incurve un côté, plie l'autre, et me présente cette bizarre cocotte en papier. « Voici votre hanche. » Les os, m'explique-t-il, commencent à se ressouder. Mais dans une position telle que je garderai toute ma vie une asymétrie prononcée. Sur le plan esthétique, cela signifie que mes jupes et mes pantalons ne tiendront plus sans l'aide d'une bretelle du côté droit. J'aurai la hanche fuyante comme d'autres ont le menton fuyant. Sur le plan moteur, c'est encore plus embêtant : je ne pourrai plus lever le pied droit pour enjamber un petit obstacle... ou simplement pour monter sur un trottoir, courir, ou rétablir mon équilibre si je suis bousculée...

J'écoute tout cela très calmement, avec le sourire. Il me semble même que j'ironise un peu sur mon cas, comme chez le neurologue. Toujours cette bonne éducation qui pousse à prendre sur soi, à donner le change. A moins qu'il ne s'agisse d'une forme de dédoublement de la personnalité : en fait, je ne crois pas ce que me raconte le Dr Van Dahaene. C'est d'une autre qu'il s'agit. Moi qui cours tout le temps, moi qui fais rire la concierge de mon immeuble parce qu'elle ne me voit jamais passer devant la fenêtre de sa loge autrement qu'au petit trot, comment pourrais-je m'imaginer en tour de Pise chancelante, s'avançant à pas précautionneux, appuyée sur une canne ? De même que je me rêve la nuit, galopant à cheval, de même je m'imagine, sur mon fauteuil roulant, courant vers mes rendez-vous... Le Dr Van Dahaene parti, cependant, je reste un long moment « sonnée », incapable de dormir, de lire ou d'écrire. Puis je téléphone à ma mère pour lui annoncer la nouvelle. Et je la rassure : tout le monde s'accorde à prédire que je vais bientôt remarcher, c'est tout de même l'essentiel. Quand je vois tous ces fauteuils roulants autour de moi, quand je pense qu'il s'en est fallu d'un millimètre pour que ma colonne vertébrale... j'ai beaucoup de chance.

Je ne le répète pas pour m'en convaincre, en adepte de la méthode Coué. Je le crois vraiment, surtout depuis que je fréquente quotidiennement la salle de rééducation. Elle se trouve au rez-de-chaussée et l'on m'y descend par un ascenseur souvent chargé de handicapés sur leur brancard ou leur fauteuil roulant, puis par un long couloir dont les dallages et les passages de seuil font vibrer douloureusement le dossier de mon fauteuil.

C'est une vaste salle ensoleillée, dont les hautes fenêtres donnent sur un jardin. Elle résonne d'appels, de bruits de ballon et de coups de poing sur des punching-balls, comme une salle de gymnastique. Mais sa panoplie d'instruments rébarbatifs, mélange de métal et de cuir, ses grillages, ses tables, et surtout les visages et les corps mutilés font irrésistiblement penser à une salle de torture. Au début, je préfère ne pas trop regarder. Quand l'infirmier me descend, je lui demande de m'arrêter près de la fenêtre de l'entrée, où j'attends le kiné en lisant mes journaux. Puis, surtout pendant les séances de « verticalisation » où le temps paraît long à lutter contre le vertige, la soif et les picotements dans les jambes, j'observe mes voisins et j'engage la conversation. A ma droite, un autre « verticalisé » est journaliste comme moi. Nous échangeons des informations et comparons nos performances. Hélas, lui, il le sait, ne remarchera jamais : un accident de voiture lui a sectionné la moelle épinière. A ma gauche, un grand blessé est assis au bord de son plan de travail. Il a le crâne rasé, une longue cicatrice rose dans le cou, une autre plus longue encore, profondément creusée et couturée, à la jambe. Deux jeunes kinés en blouse blanche s'occupent de lui. Je reconnais l'un d'eux, un homme jeune et mince à l'air ironique dont j'ai gardé un brûlant souvenir. Il a remplacé un jour mon professeur habituel. Les exercices rituels accomplis, je me souviens de sa façon de poser le doigt, avec une stupéfiante précision d'acupuncteur, sur des points douloureux : « Et là ? Ça fait mal ? » interrogeait-il d'un ton narquois en déclenchant à volonté des décharges. Je l'ai baptisé en riant (toujours en riant !) « monsieur l'électricien ». Pour l'heure, « monsieur l'électricien » me fait penser à un sale gosse dans la cour de récré. Il explique à mon voisin les mouvements qu'il va lui faire effectuer et insiste cruellement : « Là, je te dis pas, tu vas en baver ! » La sueur perle sur le visage du blessé. Dans une minute, il va se mettre à crier « aïe ! aïe ! » et il ne cessera plus pendant quinze minutes. Je détourne les yeux pour ne pas le voir. Ses copains tortionnaires ricanent. Je voudrais bien les y voir, eux ! Leur patient est une « poule mouillée » ? Un « douillet » ? Et alors ? Après tout ce qu'il a enduré, n'a-t-il pas le droit de l'être ? Ne pourrait-on lui donner des calmants avant cette séance et le rassurer par des paroles apaisantes au lieu de le contraindre, encore et toujours, à se tenir droit, à serrer les dents et à jouer à l'homme ? Pitié pour les grands blessés ! Pour une fois je voudrais, oui, qu'on les traite comme des enfants. Avec douceur. Tandis qu'on les traite trop souvent comme des « gosses » qu'il faut rudoyer. Je rumine ainsi quand arrive un type à la tête bandée, qui commence à marcher entre les deux barres, comme un homme ivre. « Redresse-toi, Georges, lui lance la jeune brune en blouse blanche qui le dirige. T'as l'air d'un débile ! » Je décoche à la jeune femme un regard furibard. Cet homme a le cerveau atteint, c'est évident. Mais le guérira-t-on en le lui répétant? Et qui lui dit, à cette kiné que la fréquentation quotidienne de grands handicapés a fini par rendre indifférente, que son malade n'est pas sensible, comme le serait un chien, à son ton humiliant? Je n'aime pas non plus ce tutoiement généralisé. Je pense au Pr Robert Debré, illustre pédiatre de la lignée des grands professeurs de médecine humaniste, qui disait «vous» aux nourrissons qu'il examinait. Un peu plus loin, le héros de Sarajevo, un grand légionnaire polonais, beau, blond et mince, qui a perdu sa jambe en sautant sur une mine, fait ses premiers pas avec sa prothèse articulée toute neuve en bois et en cuir sous l'œil satisfait de M. Martinez, le prothésiste, que *Paris-Match* est venu récemment photographier pour son exploit. Le légionnaire ne dit rien. Il a le visage dur, crispé. On le devine réfugié très loin, enfermé depuis longtemps dans sa douleur et sa solitude.

Entre les deux fenêtres, un adolescent en short tente de se maintenir en équilibre sur une planche posée sur un ballon. Il est trop raide. Il tombe de côté, remonte... je ne le quitte pas des yeux: lui s'en tirera. Miraculé d'un accident de moto, il est la vie. Tandis que la grosse dame qui geint là-bas allongée sur un lit, à demi cachée par un rideau... Comment regarder les handicapés? On a toujours peur d'avoir un regard trop insistant, chargé d'une curiosité malsaine. Alors, on détourne la tête. Ou bien, pour ne pas laisser voir sa pitié ou son dégoût, on se fige.

Des amis bretons me recommandent pour «après» — une fois que je serai sur pied — une cure de rééducation dans un centre marin spécialisé qui accueille de grands accidentés. Mais je crains que le spectacle quotidien des mutilés ne m'amène à me replier sur moi-même et ne m'empêche finalement de progresser. A moins que l'on ne s'habitue, comme ces kinés qui plaisantent entre eux...

En remontant de la séance de l'après-midi, je m'allonge. Puis, vers dix-huit heures, l'heure où j'attends des visites, je sonne pour qu'on me remette sur mon fauteuil roulant. Je prends l'habitude d'y rester pour dîner. S'il fait beau, mes visiteurs du soir me conduisent, emmitouflée dans un châle, jusqu'au jardin. Je hume à pleins poumons l'odeur de buis taillé. Je guette la rumeur de la ville.

25

Première crise de larmes

Ma jambe me laisse un peu de répit. En revanche, ma nuque, mon dos et mon épaule me font de plus en plus souffrir. Parfois je ne peux pas aller jusqu'au bout du dîner. Je dois sonner pour demander qu'on me recouche tout de suite, complètement à plat. Surélever la tête de quelques centimètres pour regarder la télévision est un effort surhumain. « Vos cervicales, m'a dit le Dr Van Dahaene, en ont pris un coup. »

Le Dr Folon, lui, semble surtout préoccupé de ma clavicule. Malgré le harnais porté depuis plus d'un mois nuit et jour et auquel il m'a permis de substituer un élastoplast serré pour l'entrée dans la piscine, je ne « consolide » pas. Les radios montrent toujours, au niveau de l'épaule, un magma brumeux. Je me sens vaguement coupable : pourquoi est-ce que je ne « fabrique » pas d'os ? Question d'âge ? Manque de calcium ? Pourtant, les os de mon bassin, eux, se sont ressoudés, même si c'est dans une position bizarre... Je n'ose toujours pas toucher aux chocolats « pleins de fer » que l'on m'apporte, par peur de connaître de nouveaux problèmes intestinaux. Mais je redouble d'efforts pour manger mes yaourts et je m'applique à avaler chaque jour deux gélules d'huile de bourrache que m'a apportées un après-midi le Pr Leuwen. « Il paraît que c'est excellent pour refaire des os... », m'a dit cet illustre cancérologue. J'étais touchée et amusée. Lui qui pique de formidables colères quand il apprend que l'un de ses malades est allé voir un rebouteux ou a eu recours à une « médecine douce » croit donc, quand il ne s'agit pas de sa spécialité, à des remèdes de bonne femme ou de « gourou », comme cet élixir de jeunesse en gélules auquel aurait recours, dit-on, le président François Mitterrand ? Qu'importe ! J'admire ce moine-soldat voué au combat contre le cancer et dont la présence massive et immobile d'adepte des arts martiaux emplit la pièce. Nous avons parlé des médecins hospitaliers, bien sûr — le Pr Leuwen n'en finit pas de déplorer les graves lacunes de leur formation et leur absence d'éducation tout court. (« Savez-vous que cela fait vingt ans que j'essaie de leur apprendre à frapper à la porte avant d'entrer chez un malade ? ») Puis, le Pr Leuwen m'a fait un brillant exposé sur le cerveau, qui joue un rôle essentiel dans la guérison. Avant de me quitter, il s'est tapoté le front. « Vous remarcherez parce que vous en avez la volonté, m'a-t-il prédit. Et parce que vous n'avez pas laissé s'endormir votre esprit. »

Plus encore que de ses drôles de gélules et du temps précieux qu'il m'a consacré (certains visiteurs dérangent, d'autres, au contraire, vous insufflent des forces...), je lui suis reconnaissante de cette phrase. Si je ne crois pas que la douleur se passe « dans la tête », je veux croire que la guérison, elle, dépend de la volonté, et donc de la tête.

Le tout est de tenir pendant cette traversée qui s'annonce encore longue. Pour rester une journaliste « opérationnelle », je dois m'alimenter en informations. Mes visiteurs du soir — quelques confrères amis et deux ou trois hommes politiques avec lesquels j'ai noué des liens assez amicaux pour que leur visite ne soit pas une épreuve — y contribuent.

L'un a dîné hier avec Michel Rocard, l'autre a déjeuné aujourd'hui avec Raymond Barre. Exceptionnellement pour moi, ils rompent le secret. Un troisième me trace le portrait détaillé d'Edouard Balladur en Premier ministre et de son cabinet de jeunes gens. Roger Stéphane m'apporte un merveilleux inédit de Malraux, que vient de publier Gallimard, *La Reine de*

Saba, récit d'une expédition en avion de tourisme à la recherche d'une ville ensevelie dans les sables d'Arabie. Roger, qui fut le fondateur du *Nouvel Observateur* et le confident du général de Gaulle, commente à sa manière pénétrante l'actualité politique et me pose, comme d'habitude, des questions aiguës auxquelles je ne sais répondre, mais qui me stimulent. Jean-François Deniau me conte ses dernières expéditions — notamment en Bosnie — et me suggère avec humour de rédiger avec lui un lexique du langage médical : on ne parle pas de « fièvre », mais de « clocher thermique », on ne dit pas « le malade souffre », mais « il a un problème de confort... » Maurice Druon me rapporte le récent voyage d'une délégation d'académiciens français à Sarajevo. Une femme, émue de reconnaître en eux les ambassadeurs de la culture française, a cueilli pour le leur offrir l'unique lys de son jardin. Maurice Schumann me décrit les états d'âme de la famille gaulliste. Daniel Rondeau m'amène notre ambassadeur en ex-Yougoslavie, M. Jacolin, de passage à Paris. Un héros pour roman de Graham Greene, ambassadeur sans ambassade, campant un jour ici, un autre jour là, sans autre bagage qu'une petite valise. Il est venu à Paris pour tenter de convaincre le Quai d'Orsay, le ministère de la Culture et les organisateurs du Festival d'Avignon d'accueillir cet été en Avignon une troupe de théâtre bosniaque. Là-bas, me raconte-t-il, il y a encore des concerts et des soirées théâtrales aux chandelles. Les musiciens sont en frac. Les spectateurs s'habillent pour aller les applaudir. Et tous traversent la ville au péril de leur vie. « On parle beaucoup d'aide alimentaire, de médicaments, mais la vie de l'esprit, insiste-t-il, c'est encore plus important. C'est en résistant ainsi qu'ils restent debout. »

Ce témoignage me touche particulièrement. C'est en gardant l'esprit actif, j'en suis sûre, que je pourrai moi aussi me remettre debout.

Samedi 1er mai

Jour de grand calme. L'Institut est désert. Beaucoup d'amis sont partis en week-end, non sans m'avoir apporté leur brin de muguet porte-bonheur. Avant le déjeuner, j'ai reçu la visite de la femme du chef d'état-major des armées. Elle fait la tournée des pensionnaires pour leur apporter un pot de muguet ceint d'un ruban tricolore et un insigne. Me voici décorée petit soldat. Vers quatorze heures, avant le départ de la première équipe de jour, j'ai moi-même effectué ma première distribution des bouquets que j'ai fait livrer ce matin. (« Vous alors ! plaisante la fleuriste qui prend mes commandes. C'est la première fois que je vois une malade envoyer autant de fleurs... » Elle ne sait pas qu'envoyer des fleurs aux autres, c'est aussi ma façon d'être « debout ».) A quinze heures, comme tous les samedis depuis que je suis hospitalisée, mon complice de RTL, Jacques Legros, chargé du journal du week-end, est venu enregistrer mon portrait pour le lendemain matin : ce sera le général Morillon, dont mes visiteurs m'ont beaucoup parlé.

L'après-midi est calme. Pas de kiné les jours fériés. J'en profite pour faire une vraie sieste et pour lire Malraux. « Ici recommence le paysage humain ; ici finit la planète faite pour d'autres yeux que les nôtres, pour ceux de l'aigle roux dont nous ne voyons que l'ombre qui suit celle de l'avion, pour ceux de la mouche, reine de ces solitudes où le temps même semble brûler en tremblant dans la chaleur... » Vers dix-neuf heures, mon dîner expédié, je m'apprête, avec le sentiment réconfortant d'avoir rempli mes objectifs, à prendre mon somnifère pour m'offrir une vraie grande nuit lorsque le secrétaire général de RTL, Jean-Pierre Lhénan, m'appelle : « Pierre Bérégovoy s'est suicidé. On ne sait pas s'il est mort, mais il n'y a aucun espoir. Je vais être obligé de faire sauter ton Morillon. Peux-tu nous faire un Bérégovoy ? » Moment de panique. J'éprouve physiquement la sensation d'une poussée d'adrénaline.

Bérégovoy ? Suicidé ? Soudain, je revois son visage il y a trois mois, aux obsèques du maire de Rouen, Jean Lecanuet. De loin, sur le parvis de la cathédrale où il attendait debout, emmitouflé dans un pardessus et un cache-nez aux côtés de Valéry Giscard d'Estaing, Jacques Chirac, Raymond Barre, Laurent Fabius, etc., on voyait qu'il avait le teint vert. Lorsque le chef du protocole lui fit signe de sortir du rang pour s'avancer de trois pas vers le catafalque, je crus qu'il allait défaillir. C'était son propre enterrement, semblait-il, qu'il « vivait » là... Mais que dire d'autre ? Je n'ai pas d'information récente, aucune documentation sous la main. Prise de court, je demande quelques minutes pour réfléchir. Puis je sonne un infirmier pour me faire relever dans mes oreillers. Je donne un ou deux coups de téléphone, je branche la télévision... L'excitation d'avoir à réagir « à chaud » sur l'événement et à travailler vite efface la fatigue à laquelle j'allais me laisser aller. Je rappelle RTL : c'est OK. Je serai prête à vingt-deux heures. Mais à partir de vingt et une heures, on ne peut plus franchir la grille de l'Institut. Il faut demander un laissez-passer pour le technicien qui va venir m'enregistrer.

A partir de là, mes idées s'enchaînent très vite, les images se bousculent. J'écris, j'écris... Puis je relis mon texte à mi-voix pour ne pas déranger mes voisins, je le calibre à l'aide d'un petit chronomètre, le raccourcis, le relis... Je suis prête. Il ne me reste plus qu'à attendre le technicien en écoutant la radio. Pourvu qu'on le laisse passer ! A vingt-deux heures dix, il — ou plutôt elle — est là. C'est une jeune technicienne, un peu embarrassée de se trouver dans ce décor. Pour l'accueillir plus dignement, j'ai demandé aux infirmiers de nuit de me rhabiller et de me transférer dans mon fauteuil roulant. Elle s'assied sur mon lit, son magnétophone posé à côté d'elle, et me tend son micro. Je bois un grand verre d'eau et me lance.

« Je vais vous étonner : j'ai rarement vu en politique un homme qui eut l'air aussi heureux. Presque toutes les images que je garde de lui, même celles des moments de colère ou de fausse colère comme lors de son premier discours de Premier ministre à l'Assemblée, il y a un an, lorsqu'il brandit une feuille en menaçant: "J'ai là une liste de noms"... sous-entendu d'hommes de droite compromis dans des affaires... eh bien, presque toutes ces images sont celles d'un homme au visage dilaté de satisfaction. Comme s'il n'en finissait pas de penser: "Ah, si mon père, ce soldat ukrainien, devenu bistrotier près de Rouen, ah... si mes parents me voyaient là...!"

« Je le revois ministre d'Etat, ministre de l'Economie et des Finances dans son grand bureau de Bercy, la Seine et Paris à ses pieds, me parlant d'Antoine Pinay auquel il aimait tant être comparé puisque l'ancien ministre du général de Gaulle sut gagner la confiance des Français et incarner le franc fort.

« Je le revois, le samedi 4 avril 1992, arrivant dans la cour de Matignon avec quatre minutes d'avance sur le programme, tant il était impatient de succéder à Edith Cresson. Quelques heures plus tard, le nouveau Premier ministre déclarait gravement à la télévision: "Je gouverne."

« Et puis soudain au début de cette année, son visage change. Depuis que *Le Canard enchaîné* avait révélé son emprunt d'un million de francs sans intérêts au milliardaire Patrice Pelat (l'ami de François Mitterrand, décédé en pleine affaire des délits d'initié), sortir en public était devenu pour Bérégovoy un supplice.

« Vous vous souvenez sûrement comme moi de cette interview, il y a deux mois sur TF1. Quand notre confrère Dominique Bromberger lui demande deux fois, trois fois, s'il va publier la liste des meubles qu'il aurait remis à Patrice Pelat... le teint gris, les yeux globuleux, la bouche cherchant l'air comme un poisson hors de l'eau, le Premier ministre articule péniblement. "Qu'on me respecte, mon honneur, ma vie privée..."

« Le lendemain, il assistait à Rouen aux obsèques de Jean Lecanuet... »

Après ce marathon, je n'ai plus du tout sommeil. Je bavarde une partie de la nuit avec Fred, l'infirmier camerounais. Terrible métier que celui d'homme politique! Pauvre Pierre Bérégovoy! Est-il vrai — comme je l'ai entendu ce soir — que la campagne de presse sur son emprunt à Patrice Pelat était devenue pour lui obsessionnelle, insupportable ? Je m'interroge sur ce que j'ai pu dire, écrire, moi aussi, qui aurait pu contribuer à accroître son malheur.

Je m'endors tard. Au réveil, dimanche matin, 2 mai, en apprenant les détails de son suicide, en écoutant des témoignages sur l'ancien Premier ministre, une immense pitié m'envahit. Je me mets à pleurer sans pouvoir m'arrêter. Des années de pleurs refrénés. Je pleure en écoutant la radio, je pleure au téléphone, je pleure seule dans mon lit. Les infirmières qui viennent pour ma toilette remarquent mes yeux rougis, même si elles n'osent m'interroger. Je pleure sur le calvaire de cet homme pudique, soudain jeté en pâture... je pleure sur sa solitude. Je pleure sur sa femme, qui n'a même pas reçu une lettre d'explication de lui. Sa femme Gilberte, si digne... je la revois, très droite, aux premières de la Comédie-Française qu'ils ne manquaient jamais. J'avais écrit qu'elle était « très élégante ». Ulcéré de la petite phrase de Pierre Joxe sur ses chaussettes (« Regardez ses chaussettes ! » avait lâché ce grand bourgeois socialiste, croyant ainsi prouver l'honnêteté du fils d'ouvrier), Pierre Bérégovoy m'avait téléphoné pour me remercier avec émotion de ce mot qui avait touché sa femme. J'avais été étonnée de cette manifestation de sensibilité extrême à ce qui pouvait passer pour une égratignure... Aurions-nous dû, pour autant, nous autres les journalistes, le « ménager »... ? Je pleure sur ce gigantesque malentendu : cet homme était aimé, beaucoup plus qu'il ne le soupçonnait...

Je pleure sur moi-même aussi, bien entendu. Et sur tous les blessés, les malades, les victimes d'injustice. Je pleure, je pleure, je ne sais plus pourquoi je pleure. « Ne vous inquiétez pas, dis-je à mes proches, en m'essuyant les yeux avec des Kleenex trempés. Ça va passer. C'est la fatigue, la tension... » et je replonge. On me conduit dans le jardin. « Il y a un peu de soleil. Ça te fera du bien... »

Je me laisse faire, dolente et tiède, infiniment lasse,

comme une convalescente, mon mouchoir à la main. L'après-midi, je fais une grande sieste. Il me semble que je vais un peu mieux. Quelque chose a lâché en moi. Cette grande fatigue qui m'envahit est aussi un apaisement.

26

Je marche dans l'eau

En attendant la réouverture de la piscine, je fais des progrès de jour en jour : j'atteins maintenant 80 pour cent de verticalisation et, à la condition de regarder droit devant moi un journal que je lis bras tendus et de boire trois ou quatre verres d'eau, je peux tenir ainsi vingt bonnes minutes. Grande première aussi, cette semaine : Tran, le petit Cambodgien rieur et costaud, m'a conduite sur mon fauteuil roulant jusqu'aux toilettes. Là, il a fait pivoter mon fauteuil de façon à le coller, parallèlement, tout contre la cuvette des WC. Il a démonté un accoudoir et les repose-pieds et hop ! m'empoignant d'un côté par la taille, de l'autre sous le bras, il m'a assise sur la cuvette non sans avoir, d'une main experte, baissé mon pantalon de survêtement. A partir de maintenant, à condition d'avoir une aide aussi efficace, je n'aurai plus à subir l'épreuve humiliante et douloureuse du bassin. Tran a fermé la porte. « J'attends dans la chambre, dit-il avec son petit rire, vous m'appelez... »

Appuyée de la main gauche sur une des poignées qui en garnissent les murs, je découvre ma salle de bains. Quel désordre ! Tous ces pansements, ces flacons, ces protections pour le lit. Sans compter ma botte en caoutchouc mousse pour la nuit et, surtout, le bassin, le bassin honni, en plastique blanc jauni, accroché face à la porte... Je prends conscience que, la porte de la salle de bains n'étant jamais fermée (les infirmières vont, viennent ainsi plus facilement), tous les visiteurs qui entrent dans ma chambre ont, avant d'apercevoir mon lit, ce spectacle sous les yeux. Pendant des semaines je me suis battue pour qu'on ne repose pas le bassin sous mon lit, sur la grille prévue à cet effet, et pour qu'on ne laisse ni bandage ni pommade en évidence sur les étagères ou le rebord de la fenêtre. (« Ici, m'a dit un jour une infirmière agacée à qui je demandais : "Auriez-vous la gentillesse de ranger...", ici, vous êtes à l'hôpital. — Oui, ai-je rétorqué, mais ici c'est aussi mon bureau... ») Maintenant, je vais mener une autre lutte, aussi tenace. Cinq, six fois par jour, je vais répéter d'une voix douce : « En partant, s'il vous plaît, vous aurez la gentillesse de fermer la porte de la salle de bains... ? »

Le lendemain, Tran me réserve une autre surprise. Il m'apporte un étrange fauteuil dont les pieds reposent sur une balance. On recommence la manœuvre, difficile à exécuter dans le passage étroit entre le lit et la fenêtre : il approche mon fauteuil roulant, le dispose parallèlement et — hop... !

Je pèse un peu moins de quarante-quatre kilos — neuf kilos perdus en huit semaines ! Je suis ravie : moi qui ai tant de mal à en perdre un ou deux tous les ans à la même saison, avant les maillots de bain de l'été ! Il est vrai que je ne me suis pas vue dans un miroir. Celui de la salle de bains — grand progrès par rapport au miroir de poche, à portée de main sur ma table de chevet — ne me renvoie mon image que jusqu'à la taille. Je n'ai pas l'impression d'avoir le visage très amaigri ni surtout — ce qui m'inquiétait bien davantage — d'avoir les seins affaissés. Simplement — serait-ce la mauvaise qualité de la glace ? l'éclairage de la salle de bains ? — je me vois un peu « déjetée ». Je m'applique à redresser ma tête, qui a une fâcheuse tendance à se tenir penchée sur le côté, et à baisser l'épaule bandée, qui a tendance, elle, à remonter. Mais spontanément, je reprends cette attitude d'enfant battu, qui lève l'épaule et le coude pour se protéger le visage...

Pour la piscine, si les radios sont bonnes, on m'enlèvera enfin mon bandage... à condition que je ne fasse pas de mouvements intempestifs du bras droit.

Maman m'a retrouvé un vieux maillot une pièce sans bretelles, avec simplement un cordon autour du cou. Je flotte un peu dedans, mais tant pis. C'est si agréable de se sentir toute mince. Il me faut aussi un peignoir, des serviettes-éponges.

Lundi 10 mai

Enfin arrive le grand jour. A neuf heures, après la toilette, on me passe directement mon maillot noir et mon peignoir blanc. La veille au soir, après le dîner, une des amies infatigables qui se relaient pour m'aider à prendre mes repas a bien voulu me raser les jambes. Comme il était difficile d'utiliser une cuvette d'eau — je suis encore condamnée à la toilette allongée sur mon lit, qui exige que l'on change les draps —, Pierrette, l'infirmière du Nord, nous a fait découvrir un des bienfaits de plus de la Biafine, la crème à tout faire — y compris à raser.

Me voici donc encore plus légère, prenant le soleil près de ma fenêtre en tentant, avec un peu d'anxiété, de lire mes journaux du matin.

Avec quelques minutes de retard — toujours ces massages abdominaux qui lui prennent tant de temps — Loïc, mon kiné attitré, vient me chercher lui-même. Nous descendons deux étages... et c'est une merveilleuse surprise : la piscine n'est pas, comme je l'imaginais, un petit bassin gris pour handicapés, mais une vraie, grande piscine, bien éclairée, aux murs carrelés de mosaïque bleu et jaune. Personne ne m'y a précédée ce matin. J'y serai seule, ce qui est un grand soulagement. Je redoutais beaucoup les bousculades, les cris et les éclaboussures.

Loïc me conduit d'abord dans une petite pièce glaciale où se trouvent des cabines. Là, par mesure d'hygiène, il me transfère sur un fauteuil en plastique blanc. Puis, il me ramène au bord de la piscine et, pendant qu'il va se mettre en maillot de bain, il me confie à une jeune Antillaise en blouse blanche. Je ne suis qu'à moitié rassurée : elle a l'air de dormir debout. Elle prend beaucoup de somnifères, me confie-t-elle, et elle a du mal à « émerger »... Maladroitement, elle me conduit dans une cabine de douche, entreprend de m'ôter mon peignoir et ouvre le robinet d'eau chaude... quand elle s'aperçoit que j'ai encore mes tennis aux pieds. Je tremble de froid ou de peur en redoutant d'elle un nouvel oubli ou une fausse manœuvre : si elle allait m'ébouillanter ? Mais non. La douche — la première depuis des semaines — me fait du bien, même si en sortant je frissonne à nouveau. Les pieds et le bas de sa blouse trempés, la jeune Antillaise somnambule me roule ensuite jusqu'au bord de la piscine, où m'attend un lit de plastique vert relié au bras puissant d'un treuil. Un jeune homme en short l'aide à m'allonger dessus. La jeune fille appuie sur un bouton : ma couche étroite s'élève dans l'air et pivote avant de redescendre lentement vers la piscine où m'attend Loïc, de l'eau jusqu'à la poitrine. Pourvu qu'une manœuvre brusque ne me fasse pas glisser sur le côté ! Je serais incapable de rétablir l'équilibre. Mais non. Je m'enfonce doucement dans l'eau chaude, à 38 degrés, fortement parfumée au chlore. Loïc me cueille dans ses bras, me fait pivoter, me redresse. Je suis debout ! Je ne sens pas le sol carrelé sous la plante de mon pied droit — toujours cette sensation d'avoir une jambe plus courte que l'autre — mais je suis debout et je marche ! Avec crainte et application en décomposant mes mouvements comme un automate, je marche, soutenue par Loïc, jusqu'à deux barres parallèles. « Tendez bien la jambe, posez votre talon d'abord, déroulez le pied, déroulez, bien... » Sérieuse comme un pape, terriblement appliquée, je prends peu à peu confiance. Allons, encore un aller-retour ! Mais il ne faut pas forcer. L'eau chaude fatigue le cœur. La tête tourne. On me remonte à l'aide du même treuil, suspendue en l'air comme une marchandise débarquée d'un cargo.

Un infirmier descend me chercher et me ramène à

ma chambre. Je grelotte comme lorsque, petite fille, je remontais l'estacade de la plage du Havre, mais je suis heureuse. Deux infirmières viennent me sécher, me frictionner à l'eau de Cologne et m'habiller. J'ai faim. Je me jette sur les fruits en pâte d'amande que m'a apportés ma mère, en souvenir d'une maigrichonne à qui l'on désespérait de faire manger de la viande ; puis je m'endors, allongée sur mon lit, un livre à la main, jusqu'au déjeuner.

« La piscine, c'est très fatigant. Vous dormirez comme un bébé », m'avait prévenue le Dr Folon. Mais il m'avait dit aussi, avec un geste éloquent de la main, comme pour mimer le décollage en flèche d'un Concorde : « Vous ferez des progrès... comme ça ! »

La piscine et les séances de déshabillage et rhabillage qui la précèdent et la suivent, sans compter les « coups de pompe » qu'elle provoque, bouleversent mon emploi du temps. Mais je suis dans l'euphorie. Chaque jour, je mesure mes progrès : au bout d'une semaine, je peux marcher en « majorette » et traverser seule la piscine, sans l'aide du kiné, malgré les jets d'eau sous-marins qui font naître des courants adverses. Bientôt, je parviendrai même à gravir, sous l'eau, trois marches d'escalier. Je grelotte pourtant toujours autant avant et après et je me sens toujours aussi vulnérable, à la merci de la jeune assistante somnambule. Le Dr Folon et son adjoint sont venus tous les deux me voir évoluer, un jour où la générale, coiffée d'un spirituel bonnet de bain à fleurs, faisait elle aussi sa gymnastique rééducative sous la conduite d'un autre kiné. « On voit, m'ont-ils dit après avoir salué la générale, que vous êtes une sportive. » Ces mots m'encouragent. Profitant d'une pause, je bavarde gaiement avec la générale, qui me paraît décidément très sympathique.

A la liste des médicaments habituels, on a ajouté maintenant des vitamines. J'en ressens le besoin. Quelques jours après le suicide de Bérégovoy, un nouvel événement provoque chez moi une série de crises de larmes qui me démontre ma fragilité. Il s'agit du drame de la maternelle de Neuilly. Un forcené, Eric Schmitt, baptisé par lui-même « Human Bomb », « la bombe humaine », s'est introduit dans une école maternelle de Neuilly-sur-Seine et a pris en otage une classe de jeunes enfants et leur institutrice. Il menace de tout faire sauter. Le suspense, qui dure près de vingt-quatre heures, est insoutenable. Je crois revivre la petite enfance de mes deux grands fils, qui fréquentaient eux aussi une maternelle à Neuilly. Je m'identifie aux parents. Et je pleure. Je pleure en voyant un père emporter son enfant dans ses bras. Je pleure en voyant le maire de Neuilly, Nicolas Sarkozy, nouveau ministre du Budget, sortir, blême, d'une tentative de négociations. Je redouble de pleurs lorsqu'on apprend que « HB » a été tué et les enfants libérés. Tous ces petits garçons blonds dans les bras des hommes de commando en combinaison noire, ce sont mes fils Antoine et Fabrice, c'est mon petit-fils, Paul, âgé de deux ans bientôt, Petit Paul, la prunelle de mes yeux... C'est ridicule, à la fin ! Quand vais-je m'arrêter ? A la fin du mois, on doit fêter l'anniversaire de Paul. Si tout va bien, je pourrai m'y rendre.

D'ici là, j'aurai appris à marcher avec une canne. Mais je ne vais pas arriver chez mes enfants en pleurant ! Personne n'y comprendrait rien. Il me faudra demander au Dr Van Dahaene un médicament pour m'empêcher de pleurer...

27

Une mauvaise fracture

Je suis maintenant devenue assez habile pour circuler dans ma chambre sur mon fauteuil roulant : je peux atteindre un livre ou un dossier sur mes étagères — à condition que ceux-ci soient placés, selon mes instructions, à bonne hauteur. Je ne peux pas entrer seule dans la salle de bains pour me recoiffer ou me poudrer — la manœuvre exige un trop grand effort — mais je réussis à manipuler seule le fax que le Dr Folon, toujours prévenant, a fait installer sur un guéridon à côté de mon lit. C'est un grand pas vers l'indépendance. S'aventurer dans les couloirs, c'est autre chose. Je me fais penser à un rameur maladroit qui ne cesse de ramener son esquif vers le bord de la rivière, faute de mettre une force égale dans ses deux avirons.

N'ayant aucune force dans le bras droit pour pousser sur ma grande roue, je n'arrête pas de bifurquer pour aller cogner sur le mur de droite. Il me faut faire une marche arrière, repartir... Un après-midi, pourtant, la kiné remplaçante qui s'occupe de moi ce jour-là, une jeune femme énergique, m'enjoint l'ordre de me rendre par mes propres moyens à la radiologie. Après tout, elle a raison, ce n'est pas si loin et je dois me forcer un peu. Je ne vais pas rester toute ma vie une « personne dépendante ». Placée sur la bonne voie par un infirmier qui m'a aidée à sortir de ma chambre, je gagne l'ascenseur. Je réussis à en sortir seule, malgré le passage difficile qui exige d'accentuer la pression sur les roues. Je fais quelques mètres, au ralenti, dans le couloir dallé. Et là, soudain, je reçois un violent coup de poignard dans le biceps droit. Je reste en plan, de travers au milieu du couloir, incapable de bouger, reprenant difficilement mon souffle, obligée d'attendre là le passage d'une blouse blanche pour demander de l'aide. Que s'est-il passé ? Quand je remonte dans ma chambre, je constate avec surprise que je ne peux même plus allonger le bras pour prendre un verre d'eau placé légèrement à droite sur mon plateau. Si je parvenais, hier encore, à découper des choses tendres comme une tranche de jambon, j'en suis maintenant incapable. Mon épaule et mon bras sont complètement bloqués.

Le soir après dîner, le Dr Folon passe me voir. Il a les résultats de ma dernière radio de la clavicule et il est soucieux. La fracture, m'explique-t-il en me faisant un dessin, n'est pas droite comme on le supposait, mais en biais. Il a fallu prendre les clichés sous un autre angle pour s'en apercevoir. Voilà pourquoi les deux fragments d'os ne veulent pas se recoller. Je suis à la fois irritée (« Comment n'ont-ils pas eu l'idée plus tôt de me radiographier sous tous les angles ? ») et soulagée : enfin une explication à cette méchante fracture qui refuse de se consolider ! Je ne suis pas personnellement en cause. Ce n'est pas mon organisme qui refuse de « faire de l'os ». « Il faudrait, conclut le Dr Folon, voir votre chirurgien... »

Le soir même, j'appelle le Dr Filippi, mon rhumatologue, qui reprend contact avec ses amis chirurgiens. C'est Marie qui va me prendre en charge. Elle n'a pas le temps de passer me voir — un programme d'interventions trop chargé dans sa clinique — mais elle me suggère, par téléphone, de lui faire parvenir mes radios.

Je les lui envoie le lendemain par coursier. Elle me rappelle. La clavicule s'est déplacée, elle n'est pas solide. Pas d'hésitation : il faut opérer. Je suis impatiente de le faire. Mon épaule et mon bras me font de plus en plus mal et j'ai le sentiment qu'une intervention chirurgicale m'apportera un soulagement immédiat. Mais quitter la piscine au moment où j'allais être capable de mettre le pied à terre pour de vrai ! Ne devrai-je pas, ensuite, repartir de zéro ? Par ailleurs, je ne veux pas abandonner mon travail. Nous convenons de faire cela pendant un week-end, le jeudi de l'Ascension. Ainsi je ne manquerai pas la piscine, fermée de toute façon les jours fériés, et j'aurai eu le temps de terminer mes chroniques hebdomadaires avant d'entrer en clinique.

Pendant les quelques jours qu'il me reste à attendre, je mets les bouchées doubles. Je fais venir un coiffeur, qui me lave et me coupe les cheveux dans la salle de bains avec l'aide de Tran qui rit en me couvrant d'une blouse blanche et d'un grand plastique. Je prends de l'avance dans la rédaction de mes chroniques en travaillant le soir. Et surtout… j'apprends à marcher ! Soutenue par le kiné, j'effectue, d'abord dans ma chambre pour pouvoir me recoucher si « ça tourne », puis dans le couloir, quelques pas précautionneux, comme dans la piscine. « Posez d'abord le talon, déroulez bien le pied, jusqu'au bout… » Si seulement je ne me sentais pas aussi déséquilibrée par cette épaule bloquée, si je pouvais m'appuyer sur une canne ! J'ai hâte d'être opérée. J'écris à Marie mon « impatience » d'être hospitalisée dans sa clinique. Il est convenu que j'y arriverai en ambulance le jeudi soir, après avoir enregistré mon portrait pour RTL. Elle m'opérera le lendemain matin et je devrai rester là-bas une petite semaine…

Le jour du départ, la surveillante passe me voir. « Ça va ? Le moral est bon ? Vous n'avez pas peur ? — Pas du tout, dis-je, sincèrement. J'ai tellement hâte d'être débarrassée de ce problème. »

Elle sourit avec une bienveillance apitoyée. « La pauvre, doit-elle penser. Elle ne sait pas ce qui l'attend. »

Jeudi 20 mai

Vers dix-huit heures, je pars dans une ambulance de l'Institut. Comme c'est jour férié, ce n'est pas un ambulancier professionnel qui me conduit, mais un jeune appelé. Il conduit avec brusquerie, et l'ambulance est mal suspendue. Malgré la prise d'un calmant avant de partir, j'ai l'impression qu'un invisible montreur de marionnettes me tire un fil barbelé dans la nuque, le dos et le bras. Une secousse un peu plus vive que les autres, à un feu rouge, réveille aussi ma jambe. Je n'ai pas fini d'apprendre que le système nerveux ressemble à une sorte de réseau électrique doté d'une mémoire d'ordinateur. Tous les chocs y restent inscrits et, lorsque se produit un nouveau traumatisme, tous les autres se réveillent. Pour couronner le tout, l'ambulancier remplaçant est un jeune provincial qui ne connaît pas Paris. Nous dépassons la clinique, aboutissons à un centre commercial désert... nous sommes perdus. Il faut faire demi-tour. Comment, sur un quai où toutes les voitures filent à grande vitesse vers leur voie souterraine, leur pont, leur autoroute ? Cette fois, j'en suis sûre, nous allons nous faire emboutir. Ce sont mes deux jambes qui prendront le choc et qui resteront paralysées. A vie...

Vers dix-neuf heures, enfin, nous arrivons à la clinique — un bâtiment de verre fumé dans un quartier nouvellement construit. L'accueil est aimable, fonctionnel, dans un hall meublé de canapés de cuir noir. On me monte dans une chambre moderne et exiguë dont la fenêtre à double vitrage donne sur le quai. Tout est petit mais très net. Le temps d'inspecter la salle de bains, de sortir mes affaires de toilette et ma chemise de nuit, et je me laisse tomber sur le lit. Ninon, qui m'a accompagnée, sonne pour demander de l'eau et, si possible, de l'aide pour me déshabiller (je ne peux plus du tout bouger le bras). Une aide-soignante revêche se présente. « Pourquoi arrivez-vous si tard ? bougonne-t-elle. C'est à six heures et demie, le dîner. » Et Marie qui m'avait vanté la gentillesse, la tendresse de tout son personnel ! Mais c'est l'Ascension. Sans doute ai-je dû tomber sur une remplaçante, ou bien sur une femme qui fait des heures supplémentaires et qui s'inquiète pour son bus du retour. Je lui présente mes excuses : je n'ai pas pu partir plus tôt, ensuite nous avons eu du mal à trouver la route. Mais qu'elle ne se fasse pas de souci : je n'ai pas faim et me passerai de dîner… Juste un peu d'eau…

Vers vingt heures, une matrone en blouse blanche à l'imposant chignon noir vient me prendre ma tension et me faire une prise de sang. Je lui tends mon bras gauche. La veine résiste, comme d'habitude. « Serrez bien le poing, serrez », insiste-t-elle en me tapotant l'avant-bras. Elle délie son garrot de caoutchouc, le place plus haut, plus bas — nouvelle brûlure — et réussit enfin à planter son aiguille à la saignée du coude. J'en ai par-dessus la tête des piqûres et des prises de sang. Mais tout cela, j'en suis sûre, va cesser bientôt…

L'anesthésiste qui passe ensuite me voir a une allure d'intello à lunettes décontracté et doux.

Nous parlons un peu de littérature chinoise, sa passion. Il me souhaite une bonne nuit. Malgré le flot continu de voitures qui rejoignent le boulevard périphérique, je n'aurai pas de mal à m'endormir, grâce à la piqûre apaisante de l'infirmière.

28

Vendredi 21 mai

Réveil à six heures. Il fait jour et j'ai faim. Mais je n'ai pas droit à une tasse de thé. Proust — *Sodome et Gomorrhe* — me vient en aide. Enfin, dans ce volume, Proust tombe le masque et dévoile son homosexualité. Sa longue dissertation sur le sujet — les différents types d'homosexuels, leurs efforts pour donner le change, leurs souffrances — résonne comme un appel, un pressentiment : « Mais quelquefois l'avenir habite en nous sans que nous le sachions, et nos paroles qui croient mentir dessinent une réalité prochaine. »

Je me sens parfaitement calme, si ce n'était cette envie d'une tasse de thé. Une jeune infirmière haute comme trois pommes, avec une chevelure blond-roux à la Brigitte Bardot presque aussi haute qu'elle, se présente. « Je viens vous préparer », m'annonce-t-elle, rieuse. Je repose mon livre. De quoi s'agit-il ? Elle doit me raser sous le bras — tâche d'autant plus difficile que je ne peux pratiquement plus l'écarter. Il est tellement collé au corps qu'on dirait une palme ! Ce n'est pas tout : il faut aussi me raser le bras. Le bras ? Mais je n'ai qu'un imperceptible duvet blond. Si on le rase, il va me repousser des poils noirs ! « Je sais bien, s'excuse-t-elle, mais ils ne veulent pas de poils du tout dans le champ opératoire. » Enfin, pour me faire plaisir, elle suggère — « Mais vous leur direz, hein, que c'est vous qui avez insisté » — de se contenter de m'enduire abondamment d'un liquide jaune à l'odeur âcre, qui devient ocre brun en séchant — de la Bétadine.

Cette tâche effectuée, elle m'enveloppe entièrement le buste, l'épaule, le bras et la main dans du papier bleu ciel et referme son paquet avec du sparadrap. « Voilà ! Bon courage. A tout à l'heure ! » me lance-t-elle joyeusement en me quittant.

Dans cet accoutrement étrange, je reprends ma lecture. Quelques minutes plus tard, paraît un brancardier. C'est un grand Noir en blouse blanche impeccable. « Je viens vous chercher pour vous descendre au bloc », m'annonce-t-il. Il me passe des chaussons en papier blanc et un bonnet froncé qui me fait penser à la reine Marie-Antoinette sur sa charrette pour l'échafaud... puis il me soulève, enveloppée dans mon drap, et me glisse sur le brancard. Dans l'ascenseur, il me demande : « Vous n'avez pas peur ? — Non. » C'est vrai, je suis très calme. Je vais vers la délivrance. Le brancardier a l'air étonné.

Une pièce nue, aux murs carrelés de beige. L'anesthésiste m'attend, souriant. Auprès de lui, deux blouses vert pâle au visage caché par leur masque. Je ne reconnais ni la stature ni la voix de Marie. Je la cherche des yeux. On me fait une piqûre et je m'étonne de ne pas m'endormir. « Ça va bien ? demande l'anesthésiste. — Oui, oui, je vous entends très bien. » Enfin, Marie paraît. Calme présence, forte et rassurante, qui emplit la pièce. Encadré de la cagoule verte, le visage est encore plus expressif. La bouche est charnue, les yeux, très bleus. Elle se penche vers moi. « Ça va, Christine ? Nous allons faire un petit voyage ensemble. » Puis elle relève son masque sur sa bouche et son nez. Je ne vois plus que les yeux.

Quand je me réveille, deux bracelets d'acier, avec des pointes à l'intérieur, m'enserrent le poignet et le coude. Pourquoi m'ont-ils attachée ainsi ? Qu'on me les enlève, maintenant ! L'épaule aussi me fait très mal. On l'a clouée au lit avec un épieu. L'ascenseur, des néons, puis deux visages — maman et Ninon. Je suis dans ma chambre, maintenant, la lumière que j'entrevois en soulevant difficilement les paupières est celle du jour. Je suis allongée sur le dos, les bras en croix.

Le bras gauche est pris par une perfusion à la saignée du coude. Le bras droit n'est pas fixé par des bracelets d'acier, mais un fin tuyau en plastique, parti de l'épaule, le relie à une poche où s'écoule le sang. On appelle cela un drain. J'ai très soif. On me donne un peu d'eau, en me soulevant la tête. Je voudrais pouvoir bouger le bras, me dégager de cet étau. Je ne le peux pas. Je suis prisonnière de la douleur.

Je découvre que le continent de la douleur est infini, cent fois plus varié que celui du plaisir. Je connaissais la douleur sourde, les élancements, les coups de poignard, les décharges électriques, pas encore l'épieu ni les bracelets à pointe, pas encore ces clous à l'intérieur de mon corps. Des clous rouillés. Une image me revient de mon enfance havraise : l'épave. Au milieu de la baie, est restée pendant des années l'épave d'un paquebot coulé pendant la guerre. C'était un bon endroit pour poser des casiers à homards. Le père de l'une de mes camarades de classe, qui possédait un bateau, nous en rapportait souvent. L'été, nous faisions des pique-niques au homard...

Je m'enfonce dans ce monde sous-marin glauque. Et j'ai dans l'épaule un morceau d'épave — du béton armé de fils de fer rouillés...

« L'épave... — Quoi ? dit maman. Qu'est-ce que tu as dit, ma chérie ? — J'ai mal à l'épaule, au poignet... »

Heureusement, ici ils sont « gentils ». Ils ne me laisseront pas souffrir. Marie l'avait promis : « Vous ne souffrirez pas. » La perfusion est là pour me calmer. Bientôt, je vais me rendormir.

Vers quatorze heures la douleur se réveille quand Marie me rend visite. Elle a troqué son pyjama vert pastel contre un tee-shirt vert vif et ses chaussons de chirurgien contre des mocassins de la même couleur. Elle est gaie, pétulante, d'une incroyable vitalité après une matinée opératoire si chargée. Sa voix bourdonne dans mon univers sous-marin, m'emplit la tête. Est-ce moi qui l'interroge ou elle qui se lance toute seule ?

Elle me raconte ses débuts de jeune interne : avant de s'orienter vers l'orthopédie, elle a travaillé dans des services d'autres spécialités, en particulier chez le Pr Christian Cabrol en chirurgie cardiaque. Sans complexe, avec assez d'humour, elle me raconte sa première intervention, quand elle ouvrit la plèvre d'un patient afin de dégager le champ opératoire. Erreur très fréquente, paraît-il, y compris chez les chirurgiens non novices, mais tout de même ! Cabrol se mit très en colère : « Un malade c'est fra-gi-le, la chirurgie c'est di-ffi-ci-le ! On t'a pas demandé d'être brillante, c'est un métier de be-so-gneux ! T'as compris ? De be-so-gneux ! » Elle répète « fra-gi-le », « di-ffi-ci-le » d'une voix forte qui m'abasourdit. Comment lui dire que j'ai mal ? Elle a affaire tous les jours à des cas tellement plus graves que le mien...

Vers dix-huit heures trente, alors qu'on vient de m'apporter un potage, Marie repasse me voir. Quand elle n'opère pas, quand elle ne fait pas travailler ses deux chevaux en manège, quand elle ne les emmène pas en camionnette à l'autre bout de la France pour participer à un concours, quand elle ne fait pas la cuisine pour son mari et ses trois enfants, Marie lit. C'est une passionnée de littérature, elle dévore des romans français et étrangers, elle me parle de Proust qu'elle juge évidemment « incontournable », de Heinrich Böll et de Claude Simon... Son enthousiasme la déborde, elle me raconte Faulkner qu'elle avait lu à quinze ans et qu'elle est en train de relire, les histoires de Blancs qui déterrent des cadavres pour sauver des vieux Noirs.

Emportée par son récit, Marie déroule sous mes yeux un roman-fleuve. Je suis saoulée. Mais pour rien au monde je ne lui avouerais que je suis fatiguée et que j'ai mal. Au lieu de cela, je lui pose des questions sur les personnages de ses romans favoris, je m'enquiers de détails. Je sens que cela lui fait plaisir de parler de sa passion devant moi. Si mon avis — ou simplement mon attention — peut lui apporter quelque chose, alors notre relation n'aura pas été à sens unique, je ne serai pas restée une patiente totalement passive.

C'est l'occasion de lui exprimer ma reconnaissance, de se montrer à la hauteur… « Sois sage, ô ma douleur, et tiens-toi plus tranquille. »

L'infirmière de nuit, la matrone à l'impressionnant chignon noir, en hauteur, m'effraie un peu par son allure rogue mais mon instinct me dit qu'il faut prendre sur moi et faire un effort pour l'amadouer si je veux qu'elle me traite avec douceur. Je l'interroge sur sa région d'origine. La Bretagne. Ah, les longues plages de sable presque désertes, de Douarnenez à Sainte-Anne-la-Palud. Et le sentier des douaniers, sur les rochers fouettés par les embruns. Et les hortensias, les hortensias bleus comme seule la Bretagne… Elle se radoucit. J'ai touché un point sensible. Des hortensias bleus, justement, elle en cultive, là-bas dans son jardin. Est-il vrai que seule l'ardoise écrasée leur donne cette couleur unique ?

Cette nuit-là, je ne me réveillerai pas avant six heures. Maternelle, la dame aux hortensias aura mis dans ma perfusion assez de calmant et de somnifère.

29

Séduire les infirmières

Je me raconte des histoires, sûrement. Si je n'avais pas ouvert la bouche, ou si je m'étais contentée de dire « bonsoir, madame », « merci » et même « bon courage pour cette nuit de veille », cela n'aurait rien changé aux prescriptions me concernant. Pourtant, je sens bien que quelque chose aurait été différent. La voix de l'infirmière de nuit, peut-être. Sa façon, plus ou moins attentive, d'injecter le produit... Mon expérience de « personne dépendante » m'a confirmé ce que je savais déjà : il faut donner pour recevoir. Mais elle m'a révélé aussi que, plus on est en état de faiblesse, plus il faut savoir séduire. Si un jour je me retrouve sans ressources, sans domicile fixe, exilée dans un pays dont je ne connais pas la langue, que sais-je, je ne tendrai pas la main en quémandant, j'inventerai quelque chose pour plaire... ou du moins j'essaierai. D'ailleurs, quand j'étais de l'autre côté de la barrière, dans le camp des gens debout, n'est-ce pas aux mendiants qui me faisaient rire ou m'apportaient au moins un instant de distraction que je donnais une pièce ? Plus spontanément qu'à ceux qui ne savaient pas m'étonner... C'est par instinct, pour le moment, et non par calcul que j'agis ainsi. Et par un réflexe professionnel qui est devenu chez moi une seconde nature : faire parler les autres... Plus tard, seulement, je tirerai de cette expérience des principes généraux. Et je serai tout étonnée d'apprendre que, en dépit de mes efforts pour engager la conversation, les infirmières de la clinique m'avaient jugée « terriblement sur la défensive ».

A sept heures, les yeux ouverts, les bras en croix, je voudrais bien me rendormir. Mais la douleur est terriblement présente. Fabrice, qui a tant de mal à se lever tôt, a fait l'effort de venir de bon matin pour m'aider à me brosser les dents et à boire mon thé. Je fais celui de me laisser hisser dans mes oreillers. Il est tendre, un peu gauche. Il me soulève la tête pour me faire boire à petites gorgées. Avec application, il étale de la confiture sur une biscotte, qu'il me casse en petits morceaux, plus faciles à saisir entre les dents. Douceur d'être maternée par ses enfants. Mais pourquoi la douleur est-elle si insistante, si hargneuse, si puissante ? Pourquoi cet assaut contre moi, dès le réveil ? Une telle hostilité, alors que j'espérais un mieux, me laisse désemparée.

Le ballet des oreillers recommence : ils sont trop épais, trop hauts, trop larges, trop durs ou trop mous... Un peu plus tard, les calmants du matin commençant à faire leur effet, une jeune femme enceinte, en blouse blanche, se présente. C'est la kiné. Elle essaie de me faire bouger le bras. « Laissez-vous aller, respirez, détendez-vous... » Je voudrais bien, si le béton armé ne se coulait dans ma nuque et mon bras... Avec douceur, la jeune femme me fait asseoir au bord du lit, m'aide à enfiler mon peignoir. Pas simple avec la perfusion d'un côté, le drain de l'autre. On coince l'un dans la ceinture, elle tient l'autre en l'air, et nous voilà parties à petits pas précautionneux, à petits pas de vieilles dames dans le couloir.

Voix de Marie dans mon dos, comme la voix du maître de manège quand la volte est approximative, les talons pas assez baissés et les reins pas assez souples dans les exercices au trot assis. « Serrez les fesses, Christine ! Et redressez-vous ! » Je serre les fesses... ou ce qu'il m'en reste. Je ne m'étais pas encore rendu compte à quel point mes muscles fessiers avaient fondu. Reviendront-ils jamais ? En observant les corps, surtout l'été sur les plages où le spectacle est d'une infinie variété, j'ai observé que la disparition des fesses était l'un des premiers signes de l'âge. Souvent, chez les femmes, elle s'accompagne d'un renflement du ventre, comme si les rondeurs passaient d'arrière en avant...

Redresser la taille, rentrer le ventre, serrer les fesses, essayer de les contracter, au rythme du trot enlevé. Tout cela, au moins, me distrait de la douleur. Et Marie me rassure : mes fesses reviendront vite, à cheval. Et si jamais, à cause du muscle écrasé, elles « repoussent » inégalement (« Je ne veux pas ressembler à ce tableau de Bonnard, vous savez, ce nu devant la cheminée, avec une fesse violette plus haute que l'autre... »), elle me confiera à une amie spécialiste du « mou », excellent chirurgien esthétique...

A l'heure du déjeuner, les infirmières m'annoncent qu'elles vont me « mettre au fauteuil ». Elles m'installent avec un oreiller dans les reins, ma perfusion suspendue à son crochet métallique en haut d'une sorte de mât, le drain dissimulé dans les plis du peignoir. Je mange un peu de jambon mais la douleur me coupe l'appétit, m'empêche de respirer. Boire. Essayer de respirer en gonflant le ventre, comme me l'ont appris les kinés. Mais c'est plus difficile en position assise. Je ne me sens pas bien. Je voudrais me recoucher. « Tu es toute blanche », me dit Ninon qui est venue me faire déjeuner (un samedi de l'Ascension, on ne dira jamais assez la patience, l'abnégation, la tendresse, le dévouement — oui, le dévouement, ce mot si injustement méprisé — des femmes au chevet d'un malade). Elle sonne pour appeler une infirmière. Personne ne vient. Elle part à sa recherche dans le couloir. Une aide-soignante explique que les infirmières sont parties déjeuner. Il faut attendre quatorze heures. Mais c'est maintenant que je vais tomber dans les pommes. Alors, en faisant bien attention de ne pas emmêler les deux tuyaux, ni surtout de les laisser tirer sur les bras, Ninon m'aide à me lever. Après deux stations assises sur le lit pour souffler et un passage par la cuvette des toilettes pour éjecter mon jambon, je parviens à me recoucher tandis qu'elle tourne précautionneusement autour du lit pour remettre la perfusion en place.

Quand les infirmières reviennent une heure plus tard, elles sont courroucées. « On n'a pas le temps de déjeuner », disent-elles.

Je ne leur en veux pas, pas du tout. Ce n'est ni leur faute ni la mienne. Simplement, je garderai un mauvais souvenir du fauteuil à l'heure du déjeuner. Enfin, l'essentiel est qu'elles ne rechignent pas à m'administrer un nouveau calmant.

Marie vient me revoir le lendemain, dimanche. « Alors, lance-t-elle, il paraît que vous n'avez pas bien supporté le fauteuil ? » Je me sens coupable d'avoir eu si peu d'énergie. J'ironise sur ma trouille. Et je la relance sur Faulkner : « Et alors le vieux Noir ? ils l'ont sauvé ? » J'essaie de crâner, mais je n'en mène pas large. C'est aujourd'hui, avant de changer mon pansement, qu'on va « mobiliser mon redon ». Il s'agit de remuer le tuyau qui draine le sang de l'intérieur de l'épaule pour vérifier qu'il n'adhère pas et qu'il « rend » encore. Quand l'infirmière arrive, poussant son chariot de plastique bleu à deux ou trois étages garnis de fioles, de ciseaux, de pinces et autres instruments coupants, je mesure à quel point je suis devenue peureuse. Mon Dieu, pourvu qu'elle ne me brutalise pas, qu'elle ne secoue pas ce tuyau n'importe comment, pour réveiller du même coup tous les nerfs et les muscles qui partent de ce véritable carrefour. Lui parler, lui sourire, l'amadouer. Mais non, elle n'a pas l'air d'une brute. Elle me fait boire un verre d'eau. « Respirez, respirez bien... Voilà. C'est fini. » Je redoutais bien pire.

Le lendemain, je suis débarrassée de ma perfusion et de mon drain. Je peux plier le bras gauche, libéré de sa canule de plastique, que je n'osais plus faire bouger de peur qu'elle ne se décroche, ce qui aurait obligé à piquer de nouveau dans la veine. Pour le bras droit, en revanche, cela ne change rien. Je suis terriblement déçue : Marie ne m'a-t-elle pas dit qu'elle avait remis la clavicule d'aplomb et dégagé un muscle qui était coincé depuis deux mois entre deux morceaux d'os en biseau, le tout bien serré par des bandages ? Je veux croire que c'est ce muscle, piqué d'une broche et de six vis, qui souffre encore. Il devrait finir par se calmer. Mais pourquoi ai-je de plus en plus mal ?

C'est lundi, retour de week-end. Les amis viennent me voir. Claude rentre d'Eze-sur-Mer (Alpes-Maritimes) toute bronzée, éclatante dans son pull jaune et son caleçon noir. Un vrai soleil. Elle s'est baignée. Je rêve de glisser dans l'eau. L'eau bleue de la Méditerranée. J'étouffe dans cette chambre moite avec le soleil de Paris qui chauffe la vitre, et ce roulement continu des voitures. Nager ! Respirer ! Courir ! S'étendre dans du sable. Du sable chaud et sec. Il me semble que j'en éprouverais un soulagement instantané...

Dans la salle de bains, assise sur la chaise placée spécialement pour moi devant le lavabo, je m'examine dans la glace. J'ai la tête de travers. L'épaule droite, plus petite que l'autre, remonte. Toujours cette allure d'enfant battue. J'essaie de me forcer à me tenir droite, à laisser tomber cette épaule. « Décontractez-vous, respirez, respirez... » La jeune kiné enceinte est revenue. Patiemment, avec douceur, elle m'oblige à allonger le bras jusqu'à mes pieds, à ébaucher le geste de lacer mes tennis. Cela fait trop mal. C'est comme si le béton armé se coulait dans tout le bras. Nous marchons à petits pas dans le couloir, jusqu'à l'escalier, et cela va mieux. Elle m'enseigne une technique pour descendre une marche d'escalier : s'approcher jusqu'au bord de la marche, se tenir les pieds légèrement écartés. Et là, plier les genoux pour réduire la distance, la hauteur de la marche, tendre un pied, en gardant le buste bien droit, le poids du corps en arrière... Je suis contente. Je craignais que trois jours au lit ne me fassent perdre le peu que j'avais appris en piscine. Or, je sais toujours marcher, et même je fais des progrès ! S'il n'y avait ce corps étranger dans l'épaule qui me déséquilibre...

30

Un chirurgien fou de pouvoir

Lundi 24 mai

En fin d'après-midi, la secrétaire de Louis Pauwels me téléphone, bouleversée. Il est arrivé un drame. Le père de l'une de ses amies a été hospitalisé à l'hôpital Gagarine à la veille du week-end de l'Ascension pour une hernie hiatale. Le gastro-entérologue lui avait proposé une intervention sous « cœlioscopie », une intervention anodine, disait-il : M. Marsac devait être sorti au bout de trois jours, pour l'Ascension, justement. Or, il va très mal. Après avoir été sans nouvelles de lui pendant vingt-quatre heures, sa fille l'a vu revenir dans sa chambre inconscient, sous perfusion, avec des pansements non seulement au ventre, mais à la poitrine et au bas-ventre. Elle est affolée : elle ne sait pas ce qui arrive à son père, elle n'a pas réussi à voir un médecin... Moi qui ai séjourné à l'hôpital Gagarine, peut-être connaîtrais-je un médecin qui pourrait s'informer, peut-être saurais-je auprès de qui intervenir ?

Cette histoire me paraît bien confuse. Au reste, que faire ? Appeler le Pr Végan ? Le Dr Filippi ? Encore faudrait-il que je dispose d'éléments précis. Sinon, ils vont me croire atteinte d'une obsession pathologique ! Cette jeune femme peut-elle venir me voir pour me raconter de vive voix son histoire ?

Elle arrive à l'heure du dîner, un petit bouquet à la main. Muriel. C'est une jeune femme d'une trentaine d'années qui a déjà dû affronter beaucoup de combats dans sa vie. Mais avec son regard timide et sa silhouette de petit rat d'opéra dans sa jupe courte et plissée qui fait penser à un tutu de danseuse, elle en paraît à peine vingt.

Voici son histoire — ou plutôt celle de son père — telle qu'elle va, le lendemain même, la coucher sur le papier, de façon claire et précise, à ma demande.

Lundi 17 mai 1993

M. Marsac, 66 ans, entre à l'hôpital Gagarine dans le service du Pr Malus pour une « petite opération de confort » (hernie hiatale sous cœlioscopie) ; il doit sortir quatre jours plus tard.

Mardi, 9 h 30

On descend M. Marsac au bloc opératoire.

Aucune nouvelle.

Mercredi après-midi

On ramène M. Marsac dans sa chambre, inconscient, sous oxygène, sous perfusion ; l'abdomen, le sein gauche et l'aine ouverts.

Que s'est-il passé ? Pas de réponse.

Peut-on voir M. Malus ?

Réponse des infirmières : « Il est en vacances... ce n'est pas lui qui a opéré, c'est M. Leroy. » (Jamais M. Marsac n'a rencontré M. Leroy auparavant.)

Peut-on voir M. Leroy ? « Il est en vacances... c'est l'Ascension... »

Peut-on voir un médecin de garde, l'anesthésiste, le réanimateur ? « Ils sont occupés... »

Jeudi, vendredi, samedi

M. Marsac a repris connaissance mais il souffre énormément. Il a des difficultés respiratoires, s'évanouit plusieurs fois, a comme des « coups de poignard dans le ventre et au cœur ». Les enfants s'inquiètent ; les réponses des infirmières à leurs questions sont toujours les mêmes : « Tout va très bien... »

Le samedi soir, une infirmière consent à « déranger » le médecin de garde : « M. Chaisneau doit passer voir un malade, il vous verra en même temps. »

Dialogue avec le Dr Chaisneau.

— Que s'est-il passé ?

— Je ne connais pas bien le dossier... mais l'opération d'une hernie hiatale sous cœlioscopie est encore très nouvelle et ses complications, fréquentes... Votre père était-il obligé d'être opéré ?

— Non.

— Ah...

— Que faire pour alléger ses souffrances ?

— On attend le retour des chirurgiens.

Dans la nuit du samedi, sa fille s'aperçoit que le bras gauche de M. Marsac a doublé de volume : l'aiguille de la perfusion s'est déplacée et le liquide curatif s'est répandu dans les chairs ; l'infirmière doit repiquer et soigner le bras. Depuis combien de temps la perfusion avait-elle bougé ?

Aucune décision ne sera prise avant le retour des chirurgiens.

Lundi 24 mai

Après les vacances de l'Ascension, réunion de staff.

La fille de M. Marsac décide d'attendre les chirurgiens à la sortie de la salle de réunion. Elle réussit à intercepter l'assistant du Pr Malus, le Dr Leroy.

« L'opération d'une hernie hiatale sous cœlioscopie est une opération sans risque et pratiquée couramment, nous avait-on affirmé... Que s'est-il passé ? » Mlle Marsac pousse le chirurgien dans ses retranchements. Il finit par avouer qu'il y a eu une erreur : au lieu de mettre la section de coagulation à zéro, on l'a mise au maximum. Résultat : éclatement du diaphragme, déchirure de la plèvre (enveloppe du poumon) et brèche du péricarde (enveloppe du cœur).

Le chirurgien va voir M. Marsac. Il passe un savon aux infirmières :

— Pourquoi les drains n'ont-ils pas été tirés ?... Et la

numération formule?... Pourquoi aucune de mes instructions n'a-t-elle été suivie?...

— On a préféré attendre votre retour.

Si M. Leroy s'excuse auprès de Mlle Marsac, le ton du Pr Malus est très différent.

— Comment osez-vous vous plaindre de mon personnel? Tout s'est très bien passé pour votre père.

— Vous ne deviez pas l'ouvrir. Il est entré pour quatre jours.

— Je n'ai jamais dit ça.

— Sous cœlioscopie, on ouvre?

— Oui, bien sûr.

— Mais alors, que s'est-il passé?

— Euh... Disons que votre père a le diaphragme fragile.

— Existe-t-il un diaphragme qui résiste quand la section de coagulation est au maximum au moment où elle doit être à zéro?

Le Pr Malus, très en colère, met Mlle Marsac dehors.

Quel mépris du malade et de sa famille! Comment un médecin aussi peu conscient de ses responsabilités peut-il rester chef de service jusqu'à soixante-cinq ans? Comment peut-on lui laisser exercer ainsi le droit de vie — et de mort — sur ses «patients»?

Vers vingt heures, quand Marie passe me voir, c'est moi qui prends la parole. D'une seule traite, enfiévrée, je lui raconte l'histoire du père de Muriel. Elle est consternée. Elle ne connaît pas le Pr Malus mais elle se doute que tout ce que je lui raconte est vrai: il y a des incapables et des cinglés dans les hôpitaux. Là comme ailleurs, et plus gravement qu'ailleurs, le pouvoir rend fou... Je lui sais gré de n'avoir pas de réflexe «corporatiste». Pourtant, et c'est bien normal, elle ne voudrait pas que je confonde le bon grain avec l'ivraie. Il y a aussi des gens admirables dans sa profession: est-il besoin de m'en convaincre? Même s'il m'est arrivé d'être profondément déçue en apprenant le comportement, hors la présence de journalistes ou d'un public flatteur, de tel ou tel illustre cancérologue bien-aimé, je connais beaucoup de médecins qui se « consacrent » à leurs malades. Et j'en connais quelques-uns comme elle et son mari qui sont à la fois humains et remarquablement compétents. Marie me raconte comment, une infection étant survenue dans le service de chirurgie de son mari, il a pris la peine d'aller voir les malades un à un — les siens et ceux des autres — pour leur expliquer ce qui s'était passé, les mesures qu'on allait prendre, etc.

Elémentaire, dira-t-on. Mais si rare ! Tant il est vrai que la plupart des gens détestent reconnaître leur erreur et se sentent démunis — ce qui les rend brutaux — dès qu'il s'agit de dire en face à quelqu'un quelque chose de désagréable ou douloureux. Sans doute les chefs d'entreprise contraints d'annoncer à des employés leur licenciement ne sont-ils pas plus sensibles et plus courageux. Mais d'un médecin, le dernier recours, on attend tout de même un peu plus d'humanité !

31

L'annonce faite au malade

Un flot de souvenirs m'assaille, que je raconte, en vrac, à Marie (cette fois, c'est moi qui la saoule !).

Tout récemment : un de mes confrères, qui m'appelle pour prendre de mes nouvelles, m'apprend que son petit-fils, âgé de trois ans, est atteint d'un cancer. C'est lui qui le conduit tous les matins à Villejuif, car la jeune maman vient d'avoir un bébé. Elle était enceinte lorsque le médecin hospitalier lui a annoncé la nouvelle, debout dans un couloir, sans même songer à la faire entrer dans son bureau ni à lui proposer de s'asseoir. « Votre enfant a un cancer du rein... »

A la même époque, j'errais dans les couloirs de l'Hôtel-Dieu, à la recherche du chef du service dans lequel avait été hospitalisé M. Marcel. M. Marcel, artisan, avait effectué de petits travaux chez moi. Il revenait régulièrement faire des réparations. J'avais du plaisir à le voir. Nous parlions de la forêt de Fontainebleau, où il se rendait tous les week-ends. Il y logeait dans une caravane, qu'il avait entièrement aménagée pour que sa femme y soit installée aussi confortablement que dans leur appartement parisien. M. Marcel refusait tout verre de vin. Il ne mangeait rien — maigre et sec dans sa combinaison bleue, le visage anguleux sous la grosse moustache — mais il aimait bien mon café, un espresso serré, avec lequel il grillait, en me détaillant les raffinements de ses travaux, gitane sur gitane... Un jour, M. Marcel, si ponctuel, ne vint pas. Surprise de son absence et de son silence, je téléphonai chez lui. Sa femme m'apprit qu'il était tombé dans l'appartement, sans raison apparente, sans s'être cogné. Il avait perdu connaissance. Le Samu l'avait conduit à l'Hôtel-Dieu. De quoi souffrait-il ? On ne savait pas. On lui faisait toutes sortes d'examens... Une semaine passa, deux, trois... J'allai voir M. Marcel. Toujours la plaisanterie aux lèvres, pas du genre à se plaindre, c'eût été déshonorant, mais encore amaigri, inquiet. Comme les médicaments qu'on lui donnait lui faisaient tourner la tête, il avait fini par s'enquérir auprès d'une aide-soignante martiniquaise, la seule qui s'attardait à bavarder avec lui. Elle était allée voir dans un livre ou un cahier et elle était revenue lui révéler le résultat de ses recherches. « C'est pour les crises de folie. » Les crises de folie ?

Pourtant, M. Marcel ne se sentait pas fou du tout. Simplement, il avait très mal à la tête...

Dans le couloir, j'interrogeai sa femme : « Que disent les médecins ? » Elle secoua la tête. Elle n'avait pas encore vu de médecin. Elle ignorait jusqu'au nom du professeur. Elle avait demandé à le voir, mais elle n'avait vu qu'un interne, trop pressé, qui lui avait répondu qu'on faisait des recherches... Voilà comment on traite, à l'hôpital, les pauvres gens intimidés par les blouses blanches ! Je proposai à Mme Marcel de demander un rendez-vous au chef de service. Et d'abord, comment s'appelait-il ? Son nom était inscrit sur la grande pancarte à l'entrée du couloir. Mais ce n'était pas à cet étage que se trouvait son bureau. C'était à l'étage au-dessus. Qu'à cela ne tienne ! Nous grimpons l'escalier. J'avise une blouse blanche. « Pourrait-on voir le Pr Nemo ? — C'est à quel sujet, madame ? — Madame Marcel, ici présente, aimerait lui poser quelques questions au sujet de son mari, hospitalisé dans votre service depuis quatre semaines. »

L'infirmière nous conduit à un local où elle nous présente à une autre jeune femme en blouse blanche, le Dr Petit, chef de clinique. Celle-ci s'est levée et, sur le seuil de sa porte, après avoir écouté ma question, se tourne vers Mme Marcel : « Votre mari a une tumeur au poumon avec des métastases au cerveau...

— Des métastases ?... » articule Mme Marcel en blêmissant et vacillant sur ses jambes. Je la rattrape, la fais asseoir dans le couloir. La jeune chef de clinique a déjà détourné les yeux. Nous n'en saurons pas plus. Au reste, je n'ai plus le cœur à poser des questions. Longtemps, je me reprocherai mon intervention. Après tout, Mme Marcel aurait sans doute préféré ne rien savoir que de recevoir en plein visage, sans préparation, sans explication, ces mots inconnus et terribles : « tumeur », « métastases »... J'aurais dû me souvenir que les médecins ne savent pas expliquer le malheur. Ils ne savent pas parler aux familles, encore moins au patient. Alors ils se taisent. Ils tournent le dos. Ils fuient. Et si on les poursuit pour les interroger, pour trouver une réponse à cette angoisse, pour savoir, à la fin... Eh bien ! ils lâchent tout d'un coup : « Ah, vous voulez savoir ! Voilà ! »

Marie veut m'interrompre. Elle a des choses à dire, pour ou contre ses confrères, des histoires... Et je ne dois pas oublier l'essentiel : chaque jour, il y a des médecins, des chirurgiens qui risquent leur vie et parfois tombent malades et meurent, en soignant et en opérant des malades, notamment du sida. De ceux-là, on ne parle jamais. C'est vrai, et je voudrais leur rendre hommage, comme je voudrais exprimer ma gratitude à tous les médecins vigilants, attentifs, qui n'hésitent pas à traverser Paris même le dimanche ou la nuit comme l'ont fait mon généraliste et mon rhumatologue pour accourir au chevet d'un patient. Mais pourquoi ceux-ci — les bons — se taisent-ils ? Pourquoi semblent-ils solidaires des autres ? Et pourquoi leur arrive-t-il, en cas d'échec personnel, de changer de visage et de comportement et de passer dans l'autre camp — ceux des médecins « ennemis » des malades ? Je me souviens d'un « bon » docteur devenu « méchant ». Roland Graindart était un ami. Nous faisions du bateau ensemble, l'été. Du ski, l'hiver. Nous nous tutoyions. Nos enfants jouaient ensemble.

Le bon docteur Graindart était cancérologue. Il exerçait dans un centre anticancéreux. Quand j'appris, il y a quelques années, que Ninon avait un cancer du sein, je l'envoyai chez lui. «Un ami en qui j'ai toute confiance.» Elle fut opérée, et subit ensuite des séances de cobaltothérapie. Le Dr Graindart passait souvent la voir. Il était satisfait de son traitement, tout sourires, tout attention. Le cancer n'était pas, comme il l'avait craint, de type «invasif». Une chimiothérapie ne serait pas nécessaire...

Quelques mois plus tard, Ninon, qui avait pris l'habitude de palper ses seins, eut l'impression d'avoir une petite boule à l'autre sein — celui qui n'avait pas été opéré. Lors d'un examen de routine, elle en parla au Dr Graindart. Celui-ci fut catégorique: tout allait très bien. Mais Ninon maigrit. Elle n'allait pas bien. Elle était en proie à de noirs pressentiments. Elle alla consulter sa gynécologue. Celle-ci palpa le sein, se rembrunit aussitôt et lui ordonna de se faire faire sans attendre — dût-elle renoncer à un départ en vacances le surlendemain — une mammographie et une analyse de sang. Les résultats ne furent pas bons. Ninon les reçut un samedi et la gynécologue lui confirma qu'il s'agissait bien d'une tumeur maligne. Il fallait revoir de toute urgence le cancérologue. Mais Ninon n'osait pas appeler le Dr Graindart: elle se sentait coupable. Coupable d'être une mauvaise fille, qui «fait» une tumeur maligne par pure méchanceté alors que le bon docteur lui a affirmé qu'il n'en était rien. C'est moi qui allais l'appeler. Puisque c'était un ami.

Roland Graindart ne se trouve pas au centre anticancéreux ce samedi matin-là. Je le joins chez lui. «Allô, Roland?» Il m'accueille amicalement, chaleureusement, comme à son habitude. «Je suis ennuyée. Ninon...» Aussitôt, la voix se durcit. Ce n'est plus l'ami, le complice qui est au bout du fil, mais un étranger, glacial et bientôt hargneux. «Pourrais-tu rappeler ma secrétaire au centre lundi? m'interrompt-il. Là, tu me déranges... je suis en retard...» Je suis abasourdie. Comment, un homme si calme, si disponible, si «humain»...? Je songe à lui envoyer une lettre disant ma déception, à chercher un autre cancérologue, un autre hôpital. Mais le temps presse. Ninon a été bien opérée la première fois. Sa cicatrice presque invisible fait l'admiration de tous. Au reste, trouvera-t-on des médecins plus humains ailleurs ? Oublions les réactions d'humeur. Il y va de la vie d'une amie. Rendez-vous est pris dès lundi. Graindart reçoit Ninon le lendemain ou le surlendemain, après une série d'examens complémentaires. Et là, debout devant des graphiques et des colonnes statistiques affichées au mur de son bureau, il lui lâche d'une voix glaciale des mots et des chiffres qu'elle n'a pas demandés : « Récidive, cancer invasif. » Il pointe une colonne : « 15 pour cent de chances de survie. » 15 pour cent ! Autant dire rien ! Et l'on voudrait, avec ces 15 pour cent en pleine figure, comme des balles de revolver, que la patiente ait le courage de se faire opérer et de subir à nouveau une série de séances de bombe au cobalt ?

Ce soir-là, j'ai écrit à Roland la lettre cinglante que je méditais depuis quelques jours. Moi qui le prenais pour un « bon docteur » ! C'était un tueur. Ce que je lui reproche, ce n'est pas d'avoir fait un mauvais diagnostic. Peut-être fallait-il quelques jours de plus, ou peut-être un doigté de femme, pour déceler alors la tumeur. Non, c'est d'avoir traité sa patiente en ennemie, au lieu de tout faire pour l'aider. Comment la convaincre, maintenant, de se faire opérer et d'affronter tant de nouvelles souffrances ? Ce que je lui reproche, c'est d'avoir, en somme, trahi sa vocation...

Cette lettre de quatre pages est toujours rangée, cachetée, au fond d'un tiroir de mon bureau. Je ne l'ai jamais envoyée. Le Dr Graindart était déjà suffisamment blessé dans son orgueil et nous avions encore besoin de lui. Mais sitôt Ninon sortie du centre anticancéreux, huit jours après son opération, j'ai rompu toutes relations avec lui.

Je ne l'ai jamais revu. Mais j'ai fait la connaissance du Pr Leuwen, qui a réussi à convaincre Ninon de subir une chimiothérapie que Graindart jugeait « inutile » — et qui l'a sauvée.

Depuis, surtout depuis que j'ai assisté au procès du

sang contaminé et que j'ai lu ce qu'écrit le Pr Lucien Israël* sur les « protocoles d'expérimentation » pratiqués dans les hôpitaux — la règle imposant de tester un traitement un certain nombre de mois pour pouvoir publier un rapport reconnu valable, même si, au bout de trois semaines, on a acquis la conviction que ce traitement était inférieur à un autre, voire nuisible... —, je me suis souvent interrogée : le Dr Graindart avait-il fait entrer Ninon dans un « protocole d'expérimentation » ? L'avait-il placée dans un groupe — A, B ou C — auquel on avait décidé de faire subir une cobaltothérapie, et pas de chimiothérapie ? Savait-il, au bout de quelques mois, que les malades des autres groupes avaient plus de chances de s'en tirer et se sentait-il prisonnier des règles du protocole, comme le fut aussi le Pr Allain, spécialiste des hémophiles inculpé dans le procès du sang contaminé — ce qui le culpabilisait d'autant plus ? Je ne le saurai jamais. Mais j'ai découvert, hélas, que son comportement était loin d'être « atypique ». Si, pour le malade, le mal finit parfois par prendre le visage des médecins (c'est contre eux, plus que contre la maladie qu'il faut lutter), de même, il arrive que des médecins finissent par haïr les malades qui leur présentent le visage de leur échec...

Mais je ne veux pas ennuyer Marie, qui ne le mérite pas. Pour finir, je retrouve une anecdote qui la fait rire. Il s'agit toujours de Ninon, en consultation de chirurgie au même centre anticancéreux. Ayant examiné le sein opéré et celui à opérer, le chirurgien laisse tomber : « Remarquez, avec les petits seins que vous avez... ça ne changerait pas grand-chose si on faisait une ablation totale et ce serait plus sûr... » Alors, Ninon : « Mes seins sont peut-être petits, mais j'y tiens. Vous, docteur, vous avez peut-être des petites couilles, mais vous n'aimeriez pas qu'on vous les enlève ! » Tête du chirurgien.

Marie éclate d'un énorme rire, comme le Pr Alexandre Minkowski à qui j'ai raconté cette histoire un jour

* *La Vie jusqu'au bout*, Plon.

où il me confiait qu'il devait subir prochainement une intervention chirurgicale et qu'il avait peur, oui, peur, lui le grand patron, le vieux baroudeur, d'entrer à l'hôpital « car ce sont tous des brutes »... « Non, dit Marie, ce ne sont pas tous des brutes, mais ils ont la manie de la classification. Il faut qu'ils classifient les cas en catégories, en sous-catégories très précises... ils passent des heures à ça. Ils en oublient l'être humain... »

Cette nuit-là, je ne dors presque pas : le somnifère par voie orale est moins efficace que la perfusion. Et puis, en réveillant tous ces souvenirs, le cas de M. Marsac m'a terriblement agitée. Je ne passe pas ma vie dans les hôpitaux, mais tout ce que j'ai pu accumuler d'images, de sensations, de paroles qui m'y ont un jour choquée remonte à la surface. Je n'ai pas tout raconté à Marie, il y aurait fallu la nuit.

32

Une mystérieuse expertise

Je me souviendrai toujours de mon interview du Pr Brillat-Jacquin, cancérologue de renom et expert désigné par le tribunal. Le mari de Ninon a demandé le divorce lorsqu'elle était à l'hôpital (le cas n'est pas rare, m'a appris Christiane, l'infirmière en cancérologie). Pour n'avoir pas à verser à sa femme une pension alimentaire, ce directeur commercial respecté d'une grande « multinationale » veut démontrer qu'elle est guérie et en état de gagner sa vie. A cinquante-deux ans, en pleine crise économique, et après deux cancers qui l'ont obligée à interrompre un travail de vacataire et à subir pendant des années des traitements éprouvants — si éprouvants qu'ils lui ont bousillé les reins et la colonne vertébrale ! Enfin, c'est à l'expert médical de trancher. Après avoir, par téléphone, menacé Ninon de « conséquences fâcheuses pour son dossier » si elle ne se rendait pas à sa première convocation, car elle avait le mauvais goût d'être retenue en province pour des raisons familiales, l'illustre Pr Brillat-Jacquin, chef de service à l'Assistance publique de Paris, la reçoit et l'examine rapidement. Sur son rapport, il inscrit « Cancer guéri » — ce qui permettra au mari de voir réduit considérablement le montant de la pension, tel qu'il avait été estimé par les avocats.

Quand Ninon me montre, quelques semaines plus tard, ce « Cancer guéri » écrit de la main d'un cancérologue réputé, je bondis d'indignation. Enquête faite auprès de plusieurs de ses confrères, non moins illustres — dont le propre successeur du Pr Jean Bernard à l'hôpital Saint-Louis —, il paraît impensable qu'un médecin digne de ce nom ait pu écrire « Cancer guéri » avant au moins dix années de rémission, surtout quand il y a eu récidive ! Tout au plus aurait-il pu écrire « Cancer en rémission ». Je décide alors d'aller interviewer le Pr Brillat-Jacquin sur les nouveaux traitements des cancers — et en particulier du cancer du sein — ainsi que sur l'évolution des taux de guérison, etc. Pour plus de sûreté, je m'arme d'un magnétophone — ce que je ne fais presque jamais, préférant la discrétion et la liberté de mon cahier d'écolière et de mon stylo. Au téléphone, la secrétaire du Pr Brillat-Jacquin me prévient tout de suite qu'il lui sera impossible de me recevoir avant un mois. J'insiste : il ne s'agit pas d'une consultation, mais d'une interview, je suis journaliste. Ah, dans ce cas, elle va en parler à M. Brillat-Jacquin. Elle me rappelle quelques minutes plus tard : il me recevra demain matin à dix heures.

Lorsque j'arrive dans le service, une dizaine de patientes attendent dans le couloir. Je n'en suis pas étonnée : c'est l'habitude d'un grand nombre de chefs de service de faire venir tous les malades à la même heure — neuf heures du matin. Même si un calcul simple permettrait d'indiquer au moins une « fourchette » — entre quatorze et quinze heures par exemple. Il n'y a pas longtemps, j'ai accompagné ma mère chez un célèbre endocrinologue — le plus célèbre sur la place de Paris. Maman, toujours angoissée à l'idée d'être en retard, n'avait pas voulu prendre le premier train du Havre : il ne l'amenait gare Saint-Lazare qu'à neuf heures dix. De la gare à l'hôpital, à cette heure-là, encore vingt-cinq bonnes minutes... Ce ne serait pas correct. Le grand professeur en serait froissé... Bref, elle avait pris un train la veille et payé une chambre d'hôtel, comme la moitié des « patients » qui ont attendu avec nous dans un couloir crasseux, équipé d'une seule cabine téléphonique, évidemment en panne.

Le professeur, ce matin-là, n'est arrivé qu'à onze heures. Il est reparti pour déjeuner. Maman n'a été reçue — sans avoir pu, elle, déjeuner — qu'à quinze heures passées...

Donc, je plains d'avance les malheureuses assises dans le couloir. Le Dr Brillat-Jacquin est-il seulement arrivé ? Oui, à la minute. « Il vous reçoit tout de suite », m'annonce, avec un sourire engageant, son assistante qui me fait entrer dans son bureau.

Sur le bureau Empire, deux balles de golf dans un cendrier. Aux murs, des diplômes, des photos de cérémonies officielles : la remise de sa Légion d'honneur, apparemment... D'allure sportive, le teint bronzé, souriant, le Pr Brillat-Jacquin entre, la main tendue. Il est si content de me connaître ! Il me lit chaque semaine, bien sûr...

C'est un homme « portant beau », comme on dit dans la littérature qui doit lui plaire. Mais il n'est pas fier seulement de ses yeux bleus, de ses tempes argentées et de son allure. Il voudrait me convaincre qu'il est le meilleur dans sa spécialité. La chimiothérapie « fine » qu'il pratique, avec des années d'avance sur la plupart de ses collègues, obtient des résultats étonnants. Il arrive à réduire des deux tiers la taille des tumeurs avant l'opération. Il me montre des photos puis, mû par une soudaine intuition, se lève. « Je vais vous montrer un cas. » Il appelle son assistante. Bientôt, on fait entrer une vieille dame que j'ai vue attendre dans le couloir. Une dame toute mince et très digne. Elle a l'âge et la fragilité de ma mère. « Déshabillez-vous, madame ! » lui ordonne le Pr Brillat-Jacquin sans préambule. Je suis affreusement gênée. Vraiment, faut-il ? Les photos sont probantes. Mais, docile, la vieille dame s'exécute déjà, en cherchant des yeux une chaise où poser sa veste et son chemisier. La voici torse nu, le cou blanc, sous lequel apparaissent des veines bleutées, des petits seins, presque des seins de jeune fille... Je suis tentée de me détourner, pour ne pas la gêner, mais trop tard. Le « patron » la prend par l'épaule, la fait pivoter face à la fenêtre, pour qu'on la voie mieux à la lumière du jour. « Vous voyez, me dit-il avec satisfaction. Madame a subi une chimiothérapie avant d'être opérée du sein gauche. Comparez, on ne voit pas la différence... » Je regarde la dame dans les yeux et lui souris, le plus affectueusement possible. Je voudrais tant qu'elle sache que, pour moi, elle n'est pas un objet !

Elle se rhabille prestement et retourne dans le couloir. Il est dix heures quarante-cinq et pas une patiente n'a encore été reçue. Je suis confuse, j'en veux au Pr Brillat-Jacquin de sa muflerie, et pourtant il me faut la réponse à mes questions. Quand peut-on dire qu'un cancer est guéri ? « Jamais ! » répond-il sans hésiter. Le cancer du sein reste un cancer mortel. On ne le répétera jamais assez. C'est pourquoi il faut développer la prévention et traiter le mal à temps. Dans l'état actuel de la statistique, la mortalité, dans les dix années suivant l'apparition de la tumeur, reste proche de 30 pour cent. « Et en cas de récidive ? — Si un nouveau cancer se déclare dans les deux ans qui suivent ?... » Il émet un drôle de bruit en avançant sa bouche et serrant ses lèvres, un bruit de bouchon qui saute : « En cas de récidive ? Alors, c'est fichu... ! »

« Fichu, fichu, fichu... » L'horrible mot me poursuit comme je remonte le couloir où la file des patientes, certaines debout, s'est allongée. La liste des prochaines victimes... Comment le même homme a-t-il pu lâcher ce « fichu » d'un ton aussi affirmatif et écrire sur un rapport d'expert « Cancer guéri » ? Dans l'intérêt de qui ? C'est un secret, un vilain secret, qu'il a emporté dans la tombe : quelques mois plus tard, le Pr Brillat-Jacquin allait décéder. D'un cancer.

33

Le secret médical dévoyé

Mardi 25 mai

Au petit matin, la douleur augmente mon impatience. J'ai hâte d'appeler mon frère Thierry, l'avocat, pour lui demander quels conseils avisés donner à la malheureuse Muriel. Et aussi de joindre le Dr Filippi. Puisqu'il se rend une fois par semaine à l'hôpital Gagarine, ne pourrait-il passer à l'étage où est hospitalisé M. Marsac ? Il y a urgence. Cet homme est en danger de mort...

Le Dr Filippi est décidément un « bon » médecin. Dès le mercredi matin, alors que je l'ai joint le mardi, il se rend tout spécialement à ma demande à l'hôpital Gagarine. Il me rappelle le soir : il est passé dans le service du Pr Malus à neuf heures. Le patron n'était pas là. Ni son assistant. Ni aucun chef de clinique. Ni interne. Il n'a trouvé qu'un externe, qui n'était au courant de rien. Ce dernier a quand même réussi à trouver le dossier de M. Marsac. Mais il y manquait... le compte rendu opératoire !

Le Dr Filippi est parfois lent à réagir. Il répugne à mettre en cause sa corporation. Mais quand la colère le prend, rien ne l'arrête. Or là, il a été suffoqué. L'après-midi même, il a appelé le service et demandé à parler personnellement au Pr Malus. Furieux de cette intervention, celui-ci lui a pratiquement raccroché au nez après lui avoir affirmé : « Tout va bien, je ne vois pas de quel incident vous voulez parler... »

Mon frère Thierry me rappelle lui aussi et me met en

garde : « Attention de ne pas te laisser émouvoir par des bobards. Ne monte pas sur tes grands chevaux avant d'avoir des preuves. » L'essentiel, recommande-t-il, est d'abord d'avoir accès au dossier du malade. Or, la plupart des médecins — particulièrement à l'hôpital — font de la rétention d'information. La seule bonne méthode, me conseille-t-il, est d'envoyer son médecin traitant. A lui, on ne pourra pas dire non... Du moins la loi le prévoit-elle. Je transmets ces avis à Muriel. Le lendemain, jeudi 27 mai, le médecin généraliste de M. Marsac se rend donc au chevet de son patient et rencontre l'assistant du Pr. Malus, le Dr Leroy. Ce dernier confirme ses déclarations à Muriel : il y a eu effectivement une manipulation malheureuse. Le Dr Leroy est très embêté. Il voudrait, déclare-t-il, « foutre à la porte la panseuse » qui s'est rendue coupable d'une telle négligence professionnelle. Mais le généraliste est revenu sans le dossier de M. Marsac. Pourquoi ? « On ne peut pas, a-t-il expliqué, très gêné, à Muriel, enfreindre le secret médical. J'aurais des ennuis avec le Conseil de l'Ordre. » Drôle de secret médical, qui protège les médecins contre les malades ! A nouveau, je crois entendre les Drs Garretta et Allain, au procès du sang contaminé : il ne fallait pas révéler aux hémophiles les risques qu'ils encouraient en acceptant d'être traités par des produits « non chauffés ». Secret médical !

34

Trois médecins, trois diagnostics

L'affaire Marsac — ou Malus — aurait dû me « distraire » de ma douleur, s'il est vrai que « cela se passe surtout dans la tête ». Malheureusement, il n'en est rien : le béton armé se fait de plus en plus présent dans mon épaule, ma nuque et mon dos. J'ai pourtant repris mon cahier, pour prendre quelques notes sur l'histoire du père de Muriel. Avec deux oreillers sous le coude, je parviens à écrire quelques mots par feuille, quelques mots qui montent et descendent, comme les premières pages d'écriture des enfants de la maternelle. Peut-être irais-je mieux si je retrouvais l'univers qui m'est devenu familier ? Ma chambre, un peu plus spacieuse, mes livres, mon fax. Et surtout, les infirmières et les infirmiers qui sont devenus des amis. Ici aussi ils le deviendraient. Mais dans cette clinique moderne et soumise à de sévères impératifs de gestion, le personnel a moins de temps. Tout est plus serré — l'espace et le temps.

En outre, la date de « bouclage » de mes chroniques va revenir bientôt et ici je suis trop loin de tout. Ni ma documentaliste du *Figaro* ni le technicien de RTL ne pourront venir facilement.

Je rentre donc « à la maison » le jeudi. Mais j'ai gardé un si mauvais souvenir du transport « militaire » que, cette fois, je fais appel à mes chers ambulanciers de la Croix-Rouge, dont j'ai soigneusement noté les noms. Ils paraissent aussi heureux de me revoir que moi de me retrouver entre leurs mains. Ils sont attentifs, charmants. Elle prend le volant et lui me confie que, depuis la dernière fois, sa mère est morte. Il me décrit le village où elle vivait et où il a grandi, l'église où a eu lieu l'enterrement, et le retour de la famille dans la maison vide... tout cela avec beaucoup d'émotion, de poésie, de délicatesse. Comment remercier, avec délicatesse justement, tous ces amis de rencontre qui m'ont tant aidée ? Leur donner un pourboire ? Je n'ose pas. Des cadeaux ? Cela risque d'être trop voyant. Je me souviens d'avoir offert une bouteille de champagne à Lionel, l'élève infirmier modèle de l'hôpital Gagarine, pour fêter son succès à un examen. Il l'avait glissée dans un sac en plastique pour l'emporter discrètement... Mais Jean-Pierre Lhénan, le secrétaire général de RTL, a pensé à tout : il m'a apporté une collection de montres de la maison, des montres superbes de style Cartier à bracelet de crocodile marron... Je vais donc faire des heureux discrètement en distribuant des montres. Simplement, le fabricant n'a pas prévu que son modèle pourrait être offert à des infirmiers ou des infirmières auxquels la pratique quotidienne de soulever, tourner et reposer les malades a donné des poignets de forts des Halles. Isa, une des membres de mon réseau de bénévoles, toujours prête à faire une course à l'autre bout de Paris et capable de dénicher un cheval vert à pois roses si le caprice me venait de voir arriver dans ma chambre d'hôpital un cheval vert à pois roses, se mettra en quatre pour faire confectionner sur mesure des bracelets adaptés aux poignets d'infirmiers.

L'accueil à l'Institut est chaleureux. Tout le monde défile au pied de mon lit, plein de sollicitude affectueuse. Ils m'avaient vue partir légère, la fleur au fusil, et ils hochaient la tête entre eux ; ils savaient que cette intervention serait douloureuse et que j'en « baverais ».

Le Dr Folon paraît soulagé de voir le problème qui le tracassait depuis deux mois enfin résolu. « Je savais bien, me révèle-t-il, que votre clavicule me donnerait beaucoup plus de souci que votre bassin ! » Sous son habituelle raideur militaire, il se montre amical comme aux premiers jours... quand je n'avais pas encore donné le signe d'une perte de confiance en faisant venir des «médecins de l'extérieur». Il me plaisante même sur mon tempérament de battante et sur mes illusions. Moi qui croyais pouvoir affronter une anesthésie générale et une intervention délicate et recommencer à écrire le soir même, je lui fais penser à cette petite histoire typique de l'humour britannique qu'il me raconte d'un air imperturbable de major anglais.

«Combien sont-ils? demande le colonel.

— Deux mille, sir.

— Nous sommes deux: encerclons-les!»

Le soir même de mon retour, la kiné en chef, Mme Jackie, femme d'autorité, blonde et bouclée en blouse blanche, me rend visite. Je ne vais pas pouvoir retourner à la piscine avant qu'on ait retiré mes fils, m'annonce-t-elle. Mais dès demain, elle me prendra personnellement en main.

Vendredi 28 mai

Un infirmier me descend sur mon fauteuil roulant à la salle de rééducation. Je marche encore trop lentement pour y descendre à pied et mon épaule bloquée m'empêche de prendre appui sur une canne. L'infirmier ne me pousse pas comme d'habitude vers le milieu de la salle, auprès d'une table de travail inclinable, mais jusqu'au fond, où il va m'aider à m'allonger sur un large matelas de plastique bleu. Mme Jackie arrive, tout sourires. Elle me prend l'épaule, commence à la faire tourner doucement, puis me saisit le poignet d'une main énergique, me tire le bras vers le haut. J'arrive presque à la verticale. «Pas mal, hein, pour un septième jour après l'opération?» lance-t-elle à un collègue. Malgré les calmants avalés dix minutes avant la séance, je grimace. «Ce soir, m'annonce-t-elle, très satisfaite de son effet, vous allez me bénir!» La bénir? Je vais la maudire, oui, toute la nuit. Une nuit où le béton armé se réveille comme si tous les fils barbelés rouillés luttaient pour en sortir, comme si tous les homards accrochés à mon épave se mettaient à y creuser des orifices.

Mais le lendemain est un samedi. Il me faudra attendre lundi pour dire à Mme Jackie tout le mal que je pense de sa « brutalité » — ce qui la laissera, évidemment, abasourdie et indignée : aucun patient n'avait jamais osé se plaindre d'elle ! Moi, en tout cas, c'est clair : je ne veux plus passer entre ses mains. « En aucun cas, entendez-vous ? »

En attendant, il me faut « tenir ». Et d'abord, préparer mon portrait pour RTL. Un portrait de Jacques Attali, cet éternel enfant inquiet, qui aura toujours une revanche à prendre sur son enfance algérienne : quand on leur refusait, à sa mère, à son frère et à lui, l'accès à la piscine du Racing-Club d'Alger, réservée aux « non-Juifs ». Son livre *Verbatim*, où l'ancien conseiller de l'Elysée révèle quelques secrets d'Etat et pille des entretiens entre Elie Wiesel et le président de la République, fait scandale...

Jacques Legros, de RTL, doit passer à quinze heures et je ne serai jamais prête à temps. D'habitude, j'écris la veille au soir ; le samedi matin, il ne me reste plus qu'à corriger et couper mon texte. Mais cette maudite Mme Jackie... Augmenter secrètement ma dose de calmants ? Je risque d'être abrutie et d'avoir la voix pâteuse. Il ne reste qu'une solution : annuler la visite prévue à l'heure du déjeuner, serrer les dents et me « piquer aux fesses ». Je pense à Jean-François Deniau, qui me racontait récemment comment, en pleine expédition à Dubrovnik, suspendu au-dessus de l'eau alors qu'on le descendait d'un navire de guerre vers une chaloupe, sa douleur à la cuisse (suite d'un traitement anticancéreux) l'assaillit violemment. « Non ! cria-t-il. Pas tout de suite ! » Et la douleur accepta de rentrer ses griffes... pour les ressortir, avec d'autant plus de hargne, quelques heures plus tard.

Le même phénomène se produit avec moi. A quinze heures trente, à peine Jacques Legros est-il reparti avec son magnétophone que la bête, tapie pendant deux heures, bondit. Le Temgésic n'y fait rien : avalé trop tard, il lui faut beaucoup plus de temps pour agir. Il ne peut plus «déraciner» la douleur. Or, je n'ai plus le courage de lutter. N'importe quoi, être complètement abrutie, maintenant, cela m'est égal, mais que cela cesse. Je sonne: y a-t-il un médecin dans la maison, ce samedi après-midi? Exceptionnellement, le Dr Folon n'est pas là. Mais l'interne de garde va venir. Arrive un jeune homme grand, mince et blond, assez sec, dont l'élocution révèle l'origine aisée. «Vous lui faites une piqûre de Temgésic», ordonne-t-il à l'infirmière. Il tourne les talons. Je le rappelle. «Je vous prie de m'excuser, docteur, je n'ai pas retenu votre nom...» Il paraît surpris. «Non, dit-il avec une pointe d'agacement. Je ne vous l'ai pas donné.

— C'est bien ce qu'il me semblait. Permettez-moi de me présenter: je m'appelle Christine Clerc...»

Il s'en va sans un mot et, apparemment, sans avoir décelé mon ironie.

La piqûre me fait replonger dans le monde sous-marin nauséeux dont j'espérais émerger. Je souffre un peu moins mais j'ai tellement mal au cœur que je ne renouvellerai pas cette expérience.

De la semaine qui suit, je garde un horrible souvenir. Même la piscine, dont j'attendais tant, ne me fait aucun bien. Au contraire. C'est en vain, l'épaule à peine immergée et protégée par un pansement imperméable, que j'essaie d'allonger le bras et d'exécuter les tout petits mouvements que me dessine Loïc, le kiné. Je n'arrive même pas à empoigner la barre d'acier pour faire mes exercices de flexion-extension des jambes. Je me désespère. J'ai l'impression que l'humidité s'infiltre dans mes os, je sors de l'eau encore plus frileuse que les premiers jours. «Prenez un yaourt sucré une heure avant de descendre», me recommande le Dr Folon. Mais cela n'y change rien. Au bout de deux jours, j'annule la séance de piscine. Ce n'est plus une joie, mais une corvée douloureuse et épuisante. Loïc, le kiné, est désolé. Il n'ose plus me toucher. Il va essayer la chaleur: chaque matin, il me descend dans une cabine où il m'allonge sur le côté. Là, sous une lampe à infrarouges qui chauffe l'épaule douloureuse, il me fait un très léger massage. J'ai l'impression que cela m'apaise un peu — ou du moins je le lui dis, pour le remercier. Mais le seul effort d'enfiler mon tee-shirt à encolure et emmanchures géantes réveille la douleur. Quand je remonte dans ma chambre, c'est pire qu'avant. Je n'ai plus envie de descendre — c'est trop fatigant et douloureux. Plus envie de bouger. Mon bras s'engourdit de plus en plus. Le soir, ma main gonfle et devient bleue. J'appelle au secours : mes médecins, mes amis.

Défilé à mon chevet. Le Dr Filippi propose de me faire une infiltration de cortisone. Marie, consultée, s'y oppose violemment. La chirurgie est trop proche. Tant mieux. Je ne peux pas supporter l'idée qu'on pique cette épaule et je suis convaincue qu'une infiltration ne pourrait me faire que du mal. Filippi égrène aussi des mots barbares. Il me semble reconnaître l'un d'eux, déjà prononcé lorsqu'on se penchait, si je puis dire, sur ma jambe : « Algo-neuro-dystrophie. » Marie ne veut pas en entendre parler. Le Dr Folon non plus. Filippi insiste ; il voudrait me faire faire à l'Hôpital américain, où il exerce, une « scintigraphie osseuse » — un examen radiologique du squelette qui fait apparaître tous les points fixant le calcium. Or, l'algo-neuro-dystrophie, phénomène complexe sur lequel je n'ai pas fini de m'instruire, se traduit notamment par une décalcification du membre atteint. Si je souffre de ce mal, je dois fixer le calcium non seulement au niveau de ma fracture de clavicule, mais dans toute l'épaule, ainsi qu'au coude, au poignet et aux doigts. Rendez-vous est pris, l'ambulance commandée pour le surlendemain et la chambre réservée pour l'après-midi, lorsque le Dr Folon à qui j'ai fait porter une lettre pour lui demander une permission de sortie (depuis la visite de Filippi, il n'est pas revenu me voir et je n'ai donc trouvé que ce moyen pour l'informer) débarque dans ma chambre. Je le connais assez, maintenant, pour déceler immédiatement, sous l'impassibilité de commande, qu'il est en colère. « Madame Clerc ! me dit-il.

Vous allez faire un examen qui va vous coûter une fortune. Et tout cela pour quoi ? Je suis prêt à parier ma solde que vous fixez le calcium au niveau de la clavicule. Toutes les anciennes fractures fixent le calcium ! »

Il n'a aucun mal à me convaincre. Je n'ai pas envie de bouger et je redoute cet examen où l'on commence par vous infiltrer un produit qu'on laisse agir pendant trois ou quatre heures. Je décommande l'examen. Filippi en est désolé. Il revient à la charge : même sans scintigraphie préalable, il faut traiter mon algo-neurodystrophie. Le seul traitement efficace consiste à faire chaque soir une piqûre de Cibacalcine pour que l'organisme fixe à nouveau le calcium qui lui manque. Consulté, le mari de Marie renchérit. Il m'appelle : « Vraiment, le Calcyn 50 est efficace… » Mais maman a déjà subi des piqûres de Calcyn 50. Elle les a très mal supportées : brûlures, nausées, vomissements… un cauchemar. Une fois de plus, le Dr Folon n'a aucune peine à me convaincre. « Madame Clerc ! Vous qui supportez déjà si mal les médicaments. Vos enzymes hépatiques… »

La piqûre, commandée pour le soir même, une heure après dîner, est annulée.

C'est alors que je reçois un appel du Pr Végan. Il a appris que j'avais été opérée par Marie et veut prendre de mes nouvelles. Le ton chaleureux de sa voix me touche et j'admire son effort pour surmonter ce qui a été, sans aucun doute, plus qu'une blessure d'amour-propre chez cet homme scrupuleux. La description de mon mal lui suffit. « C'est ce que l'on appelle un syndrome épaule-main », conclut-il sans hésiter. Il me recommande lui aussi les piqûres de Calcyn 50. Je ne lui dis pas que je n'en veux pas, ou pas tout de suite et pas ici. Le Pr Végan, toujours très cordial, me demande enfin ce qu'il peut faire pour moi : me faire admettre dans un centre de rééducation par thalassothérapie ? Les médecins qui dirigent celui de Granville en Normandie sont ses amis. Il sera ravi de m'obtenir une place… Je ne dis pas non. Mais il y a plus urgent. Je raconte au Pr Végan l'histoire de M. Marsac. « Pourriez-vous vous assurer que tout est fait pour qu'il soit bien soigné ? Ce Pr Malus a l'air d'un curieux homme. » Le Pr Végan ne fait aucun commentaire. Mais il semble accablé.

35

Le fou furieux et la voyante

Quelques jours plus tard, j'apprendrai que le Pr Malus a la réputation, dans tout l'hôpital Gagarine, d'être un fou furieux. On l'aurait même vu débarquer dans la chambre d'un malade en faisant le salut nazi !

Bien entendu, je ne vais pas croire tout ce qu'on raconte, mais lorsque Muriel me rappelle pour me dire que le Pr Malus cherche maintenant à se « débarrasser » de son père en l'envoyant dans une maison de repos — « dans une maison de repos, vous vous rendez compte ! alors que le Dr Leroy vient encore de lui faire une ponction et de lui retirer du poumon un litre de pus ! » —, je comprends qu'il est urgent d'intervenir. Que faire ? Contacter le cabinet de Simone Veil ? S'adresser à une association de défense des victimes d'erreurs médicales ? Dieu merci, Muriel n'est pas sans armes. Toute menue qu'elle soit, avec sa voix douce et ses yeux candides, elle a déjà tenu tête à forte partie : un éditeur et un producteur de télévision. Muriel est romancière. Un de ses premiers romans avait pour thème l'inceste. Au moment de sa publication, elle a découvert avec stupéfaction que son éditeur avait préparé toute sa campagne de lancement sur le thème : « Muriel raconte comment elle a été violée par son père et son frère. » Elle s'est battue, a rompu son contrat. Ce n'est jamais facile. Encore moins quand on est une « débutante »...

Par un ami, notre débutante a réussi à contacter le cabinet du ministre des Affaires sociales et de la Santé,

Simone Veil. Un conseiller a probablement appelé le directeur de l'hôpital Gagarine. Toujours est-il que ce dernier a organisé une « confrontation » entre le Pr Malus et Muriel. Récit de Muriel : « Quand je lui ai parlé de l'erreur de manipulation et lui ai reproché son absence, alors qu'il devait opérer personnellement mon père, il m'a traitée de "petite conne". Et quand je lui ai demandé pourquoi on faisait des ponctions au poumon après une opération à l'estomac, il a invoqué le "secret médical". » Après cette altercation en présence du directeur, le Pr Malus se sentira-t-il au moins un peu « surveillé » ? Fera-t-il davantage attention à son malade ? Nullement. Une nuit, alors que Muriel se trouve seule à son chevet, son père a un malaise cardiaque...

Je lui propose de le faire transférer dans un autre service, un autre hôpital ou une clinique recommandée par mes amis chirurgiens. Elle ne demande que ça. Mais son père, lui, ne veut rien entendre. Il souffre trop. Il ne veut pas qu'on le bouge. Il a peur qu'ailleurs ce soit pire. Il a peur d'être mal noté, comme un malade « râleur » et que tous les confrères du Pr Malus le lui fassent payer.

Pourtant, m'affirme Muriel, M. Marsac a un fichu caractère. Il n'est pas du genre à se laisser « marcher sur les pieds ». Mais la souffrance — et d'être à la merci des blouses blanches — rend peureux.

Ce n'est que dix jours plus tard, à sa sortie de l'hôpital et au moment de passer à la caisse que M. Marsac se révoltera : le Pr Malus lui avait affirmé qu'il n'en aurait que pour trois jours. Or, il a vingt-huit jours de forfait hospitalier — à cinquante-cinq francs par jour — à acquitter !

Pour l'heure, je comprends qu'il ne faut pas insister pour améliorer le sort de M. Marsac malgré lui : rien de pire, pour un malade, que de voir les autres disposer de son corps !

Au reste, le geste de porter le téléphone jusqu'à mon oreille et de le maintenir quelques minutes dans cette position m'est trop pénible. Pendant des heures entières, je débranche l'appareil. Mes amis se plaignent que ma ligne soit constamment occupée. Parfois, une infirmière vient me signaler un appel urgent. Je rappelle. Et je parle, je parle de ma douleur. Comme si de la décrire, la « sortir » allait me soulager. Sans s'être concertés, deux amis me donnent le même conseil : la femme du premier a été miraculeusement soulagée d'un psoriasis et celle du second, d'une lombalgie, par une « radiesthésiste ». Tous deux citent le même nom : Mme Colette. Or, ces deux hommes ne se ressemblent pas du tout : l'un est ingénieur, carré, décidé ; l'autre écrivain, en proie aux états d'âme. Je veux y voir la preuve que cette « Mme Colette » est vraiment douée de facultés extraordinaires. Une des épouses se propose de me conduire chez cette radiesthésiste-voyante, près de l'Opéra. Mais m'asseoir dans une petite voiture, monter dans un immeuble inconnu, attendre, peut-être, dans une antichambre, me paraît au-dessus de mes forces. La prosélyte de Mme Colette me rappelle : exceptionnellement, cette grande dame accepterait de venir me voir. Je lui téléphone pour prendre rendez-vous : sa voix, prévenue en ma faveur, m'envoie immédiatement des ondes bienfaisantes. « Je sens beaucoup de rhumatismes, me dit-elle. Surtout, craignez l'humidité et les courants d'air... (Elle paraît se concentrer.) Oui, je sens du rhumatisme dans votre épaule, votre bras, votre main (elle marque une pause, pour me laisser suivre physiquement le chemin de son intuition), votre bassin, votre genou et votre cheville droite, aussi. » Elle a vu juste, ce qui achève de me convaincre. Cette démarche m'a coûté. Je ne l'ai entreprise que pour ne pas décevoir mes amis. Maintenant, c'est moi qui voudrais voir Mme Colette. Déjà, sa voix m'apaise. « Je vais demander pour vous », ajoute-t-elle mystérieusement. Demander quoi ? A qui ? Je le saurai plus tard. Il est convenu que j'enverrai un taxi la chercher demain vers dix-huit heures, après ses consultations. Cependant, Mme Colette n'a pas manqué de me faire sentir le poids de son sacrifice : le milieu hospitalier lui est hostile. Elle le fuit.

Dix-huit heures trente, le lendemain. Angoisse de l'attente. Et si Mme Colette allait se trouver nez à nez avec le Dr Folon, qui passe le plus souvent me voir le soir ? Et si les infirmières... ? Etrangement, je redoute qu'elle soit repérée et démasquée, comme s'il était écrit sur son front « radiesthésiste ». J'ai l'impression que tout le monde va deviner, tant son rayonnement doit être fort.

Mme Colette me fait attendre jusqu'à dix-neuf heures. Alors que le plateau du dîner vient d'être servi, on frappe à ma porte. C'est elle ! Une dame blonde d'une cinquantaine d'années, avenante, bien en chair et pleine d'une autorité souriante. Imaginez la caissière d'un magasin de traiteur ou d'une pâtisserie dans les rues piétonnes rénovées d'une ville de province. Elle pose son sac, vient s'asseoir dans le fauteuil du visiteur près de moi et prend mes mains entre les siennes, mais sans les serrer. Maternellement, elle me parle de tous ces rhumatismes qui m'envahissent — je comprends mieux, maintenant, mes obsessions sous-marines. Mon courage, ajoute-t-elle, est à bout. « Vous êtes très fatiguée, continue-t-elle, vous avez maigri. Vous n'avez plus de forces. Vous êtes comme une coquille vide. » Je soupire. Curieusement, ce constat me redonne plutôt des forces.

Mme Colette m'aide à m'installer, presque à plat sur le dos. Abaisser la tête du lit ? Elle doit savoir faire cela toute seule. « Non, non, ne sonnez pas, je vais y arriver. » Sa réticence envers le personnel hospitalier est sensible. Elle appartient à un autre monde : le monde de la reine de la nuit. A moins que ce ne soit celui de la lumière... Me trouver ainsi à la frontière, sur le fil du rasoir, entre deux mondes opposés, a quelque chose d'angoissant et en même temps d'assez excitant. Comme si les forces du mal et celles du bien allaient se disputer mon corps.

Mme Colette me demande si je crois en Dieu. J'opine de la tête, sans conviction excessive, ce qui semble la décevoir. Mais bientôt, elle se tait. Des deux mains, elle trace des cercles au-dessus de mon épaule, puis se rapproche doucement, mais sans jamais m'effleurer. Elle est très concentrée. « Vous sentez la chaleur ? » me demande-t-elle seulement. Je lui fais signe que oui. C'est vrai : une sorte de bien-être chaud m'envahit. De temps en temps aussi, elle me montre la paume de ses mains. « Vous voyez comme elles sont rouges et gonflées ? » Façon de me signifier que le mal passe dans ses mains, qu'elle le chasse de mes os pour l'attirer à elle. « Sors de ce corps, Satan ! » Mais sans cri, sans convulsions, sans insultes. Avec une douceur bienfaisante.

On frappe à la porte, qui s'ouvre aussitôt. Je me contracte. Qui est-ce ? C'est Bertrand, mon ex-mari. Depuis notre divorce, nous ne nous sommes jamais vus aussi souvent. Bertrand, qui est médecin, a traversé Paris au moins une fois par semaine sur sa moto pour venir me voir. Il a examiné mes radios et mes différents « graphiques » avec un soin jaloux et a tenu à me réserver lui-même une chambre à l'Hôpital américain... où je ne suis pas allée. Tant d'attention me touche. Mais là, je sens qu'il ne faut pas nous interrompre. A mi-voix, je lui fais comprendre que nous sommes en plein milieu d'une séance de soins... assez particulière. Prend-il Mme Colette pour une masseuse ? Une infirmière sans blouse ? L'essentiel est qu'il paraisse juger naturelle sa présence et ne fasse pas de difficultés pour s'en aller. Preuve que même un médecin ne « flaire » pas forcément que Mme Colette vient d'un autre monde. Est-ce sa voix, sa présence, l'effet des calmants du dîner — qu'elle entreprend ensuite de me faire manger, en découpant soigneusement mon blanc de poulet en petits morceaux ? Quand Mme Colette se redresse, l'air épuisé et les mains toutes rouges, je vais mieux. Elle m'annonce qu'elle ne pourra pas revenir — elle ne soigne jamais ses malades à l'hôpital, en territoire ennemi. Mais si je lui fais parvenir une photo — une photo dans mon état actuel, bien entendu —, elle pourra « travailler sur moi ».

36

Barbecue à l'hôpital

Giorgio et Danielle, le couple d'amis italiens qui viennent me faire dîner le lendemain, vont se munir de leur appareil photo. Que peuvent-ils m'apporter d'autre ? Du jambon de Parme ? Des pâtes au pistou ? Non, la seule chose dont je rêve, c'est d'un bon steak. Bien épais, bien rouge, comme en rêvent tous les exilés. Mais c'est impossible, bien sûr : on ne peut pas cuire un steak à l'avance... Giorgio et Danielle ne disent rien. Le lendemain, ils arrivent avec de mystérieux paquets. Avant dîner, ils me descendent dans mon fauteuil roulant jusqu'au jardin pour prendre une série de photos sur lesquelles j'aurai la surprise de me découvrir comme dans certains miroirs déformants : aplatie de la tête aux pieds, comme par un rouleau compresseur. Vidée d'énergie et d'air, comme un pneu crevé. Est-ce vraiment moi ? Je n'y crois pas tout à fait. Nous remontons dans la chambre. En un tournemain, Giorgio et Danielle ont ouvert leurs paquets et installé un petit camping-gaz sur l'appui de la fenêtre... lorsqu'on frappe à la porte : c'est le général ! Giorgio et Danielle se collent devant la fenêtre pour cacher leur forfait tandis que nous échangeons des civilités. Le général a l'élégance de paraître ne s'apercevoir de rien. Il repart assez vite. La peur d'être prise en flagrant délit ne m'a pas coupé l'appétit, au contraire. L'odeur du steak saignant ne m'en paraît que plus alléchante. Mais déjà, le steak est déposé dans une assiette devant moi, avec sa pomme de terre au four dans un papier d'aluminium.

Par quel tour de passe-passe ? Le steak avait été précuit, pour éviter les odeurs de graisse fumante, ils n'ont fait que le réchauffer à feu vif. Je ris de la surprise et du bon tour de collégiens. Si le général voyait ça ! Je dévore. Si remarquable soit-elle, comparée à celle de la plupart des établissements hospitaliers, la cuisine de l'Institut n'échappe pas à une certaine monotonie en blanc et vert... qui n'excite pas les papilles. Même si je ne peux pas boire une goutte de vin — cela me brûle la gorge et l'estomac —, ce repas d'amis préparé sous mes yeux est une vraie petite fête. Renaissent les envies de steak-frites au bistro, de crevettes et de moules au bord de la mer. Tous ces plaisirs simples et si merveilleux.

Quand sortirai-je ?

Demain dimanche est prévue ma première sortie de pensionnaire — ma première vraie sortie, sans ambulance et sans raison médicale : je suis invitée à déjeuner chez les beaux-parents de mon fils aîné Antoine pour fêter les deux ans du petit Paul.

37

Première sortie

Dimanche de Pentecôte

J'ai rempli soigneusement une demande précisant l'heure de mon départ, celle de mon retour et l'adresse où je me rends à Versailles. Je m'inquiète auprès des infirmières : le nécessaire a-t-il été fait ? Ma permission a-t-elle été dûment visée par le Dr Folon ou son assistant ?

Depuis une semaine que cette sortie est prévue, mon impatience et mon anxiété ont augmenté chaque jour. J'ai peur que le transport en voiture soit trop pénible. Peur, surtout, de « craquer » : l'émotion de la liberté presque retrouvée, revoir toute la famille, tous ces visages affectueux réunis, et cet enfant... Depuis l'affaire de la maternelle de Neuilly, les crises de larmes ne sont pas revenues. Mais je les sens présentes, prêtes à éclater. Peut-être aurais-je dû demander au Dr Van Dahaene un médicament pour ne pas pleurer ? J'y ai pensé. J'ai eu peur d'être ridicule...

Onze heures. Le petit oranger que j'avais commandé pour l'offrir à la belle-mère d'Antoine a été livré en début de matinée. Ses fleurs embaument ma chambre. C'est le printemps. Les infirmières m'ont passé ma tenue de handicapée la plus élégante : caleçon gris, tee-shirt et tennis blancs. J'attends, sur mon lit allongée bien à plat pour garder en réserve toutes mes forces. La douleur est toujours présente, d'une présence sourde, menaçante, prête à s'étendre au premier mouvement. Mais je ne veux pas prendre mes calmants trop tôt.

Antoine, qui est si souvent en retard comme moi, arrive en avance, un peu avant midi. Pour me conduire plus confortablement, il a emprunté la belle voiture de son beau-père. Les premières larmes me surprennent sur le seuil de l'Institut, lorsque j'abandonne mon fauteuil roulant pour franchir, soutenue par mon grand fils, les quelques mètres qui nous séparent de la voiture. « Mon mouchoir, où est mon mouchoir ? Non, non, ce n'est rien. Mon grand chéri, ne t'inquiète pas, c'est le vent. Il y a beaucoup de courants d'air ici, je ne suis plus habituée. Et tu sais, c'est la saison : j'ai toujours été allergique au pollen des marronniers... »

Le voyage me fait l'effet d'une expédition terriblement périlleuse. Pourtant, Antoine conduit en douceur. Mais chaque voiture qui nous double remet en action mon film d'épouvante : où des camions n'arrêtent pas de nous rentrer dedans, de nous écraser les épaules, le bassin et les jambes, de nous broyer... Après m'être crue si longtemps invulnérable, je vois des dangers partout. Combien de temps me faudra-t-il vivre avec cette peur ?

« Ça va, maman ? » s'inquiète Antoine, qui voit bien que je serre les dents. « Très bien, mon chéri... » Nous avons traversé le parc de Saint-Cloud — rude épreuve des pavés — et roulons sur l'autoroute. Splendeur des arbres, de chaque côté du ruban bleu, comme deux murailles opulentes de verdure. Je songe à la phrase de Bernanos : « Qui n'a pas vu la route au petit matin, entre ses deux rangées d'arbres, ne sait pas ce qu'est l'espoir. »

Tremblement de l'espoir. Maîtriser mon émotion. Sinon les enfants vont finir par croire leur mère atteinte de sénilité précoce...

Le parking. L'ascenseur. Puis, soudain, des lumières vives, des bruits de voix, une porte qui s'ouvre et là, devant moi, solidement planté sur ses petites jambes en salopette rouge, les mèches blondes en désordre sur le front, le regard interrogateur levé vers moi, Petit Paul. « C'est ta maman ? » demande-t-il à Antoine. J'éclate en sanglots. Navrée, Frédérique, ma belle-fille, cherche une chaise. « Ça ne va pas, Christine ? Vous voulez vous asseoir ? — Non, non, dis-je en riant à travers mes larmes, ne vous inquiétez pas, je suis si contente... »

Mes parents, qui attendaient dans le salon, s'avancent à ma rencontre. En me voyant debout pour la première fois depuis trois mois, mon père réprime des larmes. « Ma pauvre petite chérie, tu n'as pas grossi... » Mais déjà, Petit Paul-Attila se jette sur l'oranger dont il veut cueillir les fruits, enfourche le vélo trop grand que nous lui offrons pour son anniversaire et nous ordonne d'une voix impérieuse de lui ouvrir un chemin. Quelle épuisante vitalité ! Je l'imagine déjà à moto, à cheval, au volant d'une voiture. « Non, Petit Paul chéri, ne va pas croire, tu n'es pas invulnérable, ne va pas te casser, pas toi... » Je voudrais l'embrasser à l'étouffer pour le remercier d'être si décidé, si infatigable et exténuant, si totalement insouciant des risques. D'être la vie même.

Les retrouvailles fêtées autour d'une bouteille de champagne, nous passons à table. On m'assied dans une bergère en velours avec un oreiller dans le dos. Mais au milieu du repas, je ne peux plus tenir. Si j'étais capable de plier les jambes pour m'allonger par terre, je m'allongerais sur-le-champ. Mon père remarque que je ne suis pas bien. Je me laisse conduire dans une chambre. Un lit. Enfin un lit ! Mon fils me couvre d'un édredon, referme la porte doucement. « Respirez, respirez... » Les yeux fermés, je me répète la consigne du kiné. Reprendre possession de mon souffle, de mon corps... Un bruit imperceptible me fait tourner la tête. La porte s'est entrebâillée. Petit Paul entre comme un voleur. Je sens que j'attire sa curiosité, et en même temps que je l'effraie un peu. Il avance jusqu'au bout du lit, me regarde de ses grands yeux. L'édredon a glissé légèrement sur le côté, découvrant mes pieds. Il s'en aperçoit et tente de le remettre d'aplomb, maladroitement. « C'est dur, dit-il. C'est dur. » Les larmes inondent mes joues. Moment de bonheur.

38

Un kiné gourou

Edmond-Luc Henry vient me voir. Sa visite me touche. Il a des difficultés à marcher et ces longs couloirs ont dû représenter pour lui une épreuve. J'admire son courage, dont l'exemple m'oblige à me redresser dans mon fauteuil roulant. J'apprécie son calme, qui ne dissimule pas sa sensibilité. Brillant expert-comptable à l'allure et à l'humour britanniques comme sa moustache blonde, Edmond-Luc Henry est un cas parmi les hémophiles de sa génération — la quarantaine. Alors que tous les garçons atteints de cette maladie congénitale grandissaient pratiquement en « couveuse », son père, conseiller d'Etat, l'obligea à faire des études et du sport comme ses frères et sœurs. Il en a gardé l'habitude de résister aux forces qui voudraient le soumettre. Il y a sept ans, alors qu'il venait de se marier, il apprenait qu'il était devenu séropositif. Son médecin, en qui il avait « une confiance d'enfant », lui administrait depuis des années des produits sanguins non chauffés et n'avait jamais osé le mettre en garde, même lorsque les premières études sur la mortalité des hémophiles traités ainsi et la survie de ceux traités aux « produits chauffés » avaient été publiées. Depuis, Edmond-Luc Henry n'a cessé de se battre contre la loi du secret médical qui a si longtemps empêché que les plaintes et les questions des hémophiles contaminés reçoivent un début de réponse. Voilà un an, il a sacrifié à la cause commune ce qui lui restait de bonheur familial : en prenant la tête de l'Association des hémophiles. J'avais fait sa connaissance quelques mois avant en allant l'interviewer chez lui avec sa femme. Son témoignage, pudique et terriblement lucide à la fois, m'avait tellement émue que je l'avais convaincu d'en faire un livre* que je suis fière d'avoir publié.

Après s'être enquis de ma santé avec son habituelle courtoisie, Edmond-Luc Henry m'annonce de sa voix calme : « Le petit Stéphane Gaudin est mort ce matin. » Stéphane, c'était cet enfant hémophile que l'on a vu à la télévision pratiquer du vol à voile, tapoter un ordinateur, dévorer la vie... « Et savez-vous qui va représenter la France à la conférence sur la transfusion le 12 juin à Barcelone ? poursuit Edmond-Luc Henry avec un imperceptible tremblement de colère. Le Dr Habibi. » Habibi ! L'homme qui signa l'ordre d'écouler les stocks de produits non chauffés qui allaient tuer le petit Stéphane ! Ce n'est pas tout. « Les Américains, m'apprend mon visiteur, fabriquent depuis cinq ans un nouveau produit qui apporte aux hémophiles la protéine qui leur manque. Eh bien ! Il faut nous battre pour l'obtenir comme nous aurions dû, paraît-il, nous battre dès 1984 pour obtenir des produits chauffés ! » Que font donc les médecins ? Leur silence, comme l'écrira un de mes confrères**, est « assourdissant ».

L'indignation, hélas, pas plus que le bonheur familial, ne calme la bête qui se repaît de moi. Pas une seconde je n'ai oublié que j'étais une miraculée. Si je compare mon sort à celui de mon visiteur et à celui de tant de malades et handicapés, je n'ai pas le droit de me plaindre. Si je ne me plains pas, pourtant, qui s'attaquera sérieusement au mal dont je souffre ? Voilà onze jours maintenant que j'ai été opérée et la situation n'a fait qu'empirer. Surmontant mes scrupules (je voudrais tant pouvoir dire à Marie qu'elle m'a soulagée et que je peux envisager bientôt de m'initier au

* *De l'hémophilie en général et du crime en particulier*, Le Pré-aux-Clercs.

** Eric Favereau.

basket !), je finis par l'appeler à sa clinique. « Ça ne va pas. Je ne peux plus bouger du tout. Et j'ai de plus en plus mal... » Sans doute sent-elle l'urgence dans ma voix. Une heure après, elle est là, aussi tonique que son tee-shirt rouge. Elle m'examine le cou, les épaules et le dos, tente en vain de me faire lever ou écarter le bras et téléphone aussitôt à un kinésithérapeute d'exception, en qui elle a une absolue confiance. « Jacques, peux-tu la prendre tout de suite ? » Elle emploie le mot « béton ». Je reprends espoir : le mal est nommé, même s'il reste mystérieux. Ce « béton », il s'agit bien, finalement, d'une « algo-neuro-dystrophie » que l'on va combattre avec énergie. Jacques accepte de me recevoir le jour même. Il me faut demander une permission de sortie et trouver une voiture confortable avec chauffeur. Encore incapable de plier la jambe, je ne peux en effet être transportée qu'à l'avant d'une voiture spacieuse dont le siège a été reculé à fond. Un ami chef d'entreprise met la sienne à ma disposition. Le chauffeur me conduit à la porte d'Orléans, se gare sur le trottoir, m'accompagne jusqu'au huitième étage. A la sortie de l'ascenseur, j'ai un mouvement de recul : la porte de l'appartement est restée ouverte et l'entrée exiguë est déjà bourrée de monde : deux personnes sont assises sur un petit canapé bas, deux autres dans leur fauteuil roulant, un enfant est allongé sur la moquette, une adolescente, adossée au mur, oscille d'un pied sur l'autre dans un numéro d'équilibriste bien involontaire. Où m'asseoir ? La mère de l'enfant se lève d'une chaise en plastique moulé pour me laisser sa place. J'hésite à accepter : comment pourrais-je tenir plus de cinq minutes dans ce siège de torture ? Je m'assieds, pourtant. Après m'avoir donné ma canne, le chauffeur s'éclipse : il va m'attendre en bas, je n'aurai qu'à le rappeler par téléphone. « Respirez, respirez... » Tout en essayant de maîtriser la bête, j'observe les autres patients. Une très jolie jeune femme brune, très élégante, est assise sur le canapé, deux cannes anglaises à ses côtés. Sur les fauteuils roulants, un jeune homme en jean et un homme d'une quarantaine d'années à l'allure d'intello à lunettes plaisantent. Une feuille rose à la main, l'adolescente adossée au mur essaie de lire.

Les mots sortent de sa bouche en un brouhaha confus, mais si l'on ne les reconnaît pas, on reconnaît la musique : il s'agit d'une fable de La Fontaine. La feuille glisse de ses mains. La jeune femme la lui ramasse. Elle lui parle avec affection et intelligence, comme si Cécile — c'est son nom — n'avait aucune difficulté à la comprendre. Pas un espace de libre. Où s'allonger ? Je ne vais pas pouvoir attendre... Une porte s'ouvre. On entend une voix sonore. « Allez ! bonne journée ! à demain ! » Précédé d'une jeune fille sur son fauteuil roulant, Jacques, le kiné, apparaît. Tout en lui — la silhouette trapue, les bras costauds sous la chemisette à manches courtes, le visage large aux yeux marron rieurs et à la bouche charnue — dégage une énergie solaire. Il me regarde. « Madame Clerc ? » et me prend par la taille pour m'aider à me lever et entrer. Je suis surprise par la sobriété du décor : des murs blancs. Une table de massage. Un gros ballon rouge en caoutchouc. Et une patère pour accrocher ses vêtements. C'est tout. Jacques me fait allonger et, de ses mains carrées de paysan, s'empare de ma tête. L'une me soutient la nuque tandis que l'autre, posée sur les cheveux, lui imprime de légers mouvements de rotation, avec des ralentis et de soudaines accélérations. Le but, m'explique-t-il, est de « refaire fonctionner » le système nerveux. Je comprends que mon corps est une sorte de réseau électrique dont quelques plombs ont sauté et plusieurs fils ont été débranchés. Je voudrais bien en savoir plus. Comment, pourquoi cette douleur envahissante et cette quasi-paralysie du bras ? Il éclate d'un rire tonitruant qu'on doit entendre dans l'entrée. « Le cheval ! s'exclame-t-il de sa voix ensoleillée de pied-noir. Le cheval ! Cette brave bête ! » Il a interrompu ses mouvements et rit, à gorge déployée. Jacques ne reste pas une seconde sans parler ou rire. Mais, sous couvert de plaisanterie, il n'a de cesse de faire comprendre à ses patients la cause réelle de leur handicap et de leurs souffrances : ce n'est pas un mal mystérieux, pas même les médecins et les hôpitaux (qu'il ne tient pas souvent en estime), c'est leur goût stupide pour le cheval, la moto, le monoski ou la vitesse en voiture. Et il n'a pas l'intention, mais pas l'intention du tout, de nous « refaire fonctionner » pour que nous retournions nous casser la figure...

Jacques me fait réfléchir : je m'aperçois que, depuis mon accident, j'ai établi une séparation entre le galop à cheval en forêt, dans la lumière du matin, et l'univers sombre, sous-marin, de la douleur. Souvent, en contemplant l'arbre qui est sous la fenêtre de ma chambre, je pense aux arbres de Fontainebleau et aux jeunes pousses de fougère vert vif, un peu frisées, qui doivent apparaître dans le sous-bois. Deux ou trois fois, pourtant, au moment des crises les plus douloureuses, il m'est arrivé de soupirer : « C'est trop cher payé. » Je ne suis plus aussi sûre qu'il y a deux mois de remonter un jour à cheval...

Jacques me garde presque une heure. Quand je sors de cette séance, complètement saoule, je n'ai qu'une idée : retrouver mon lit. « Bonne journée ! me lance Jacques. A demain ! » Il m'a clairement laissé entendre que, pour avoir un résultat sûr, je devrais retourner le voir chaque jour pendant au moins un mois. Il est vrai que j'ai l'impression d'avoir un peu moins mal. Mais comment m'organiser pour quitter l'Institut tous les matins ? D'un autre côté, rentrer chez moi est prématuré. Je ne peux rien faire seule et, dans l'état actuel de mon bras, les barres d'appui que j'ai commandées sur catalogue, sur le conseil du Dr Van Dahaene, pour les faire fixer un peu partout dans mes escaliers et ma salle de bains afin de ne pas glisser, ne me seront d'aucun secours, sauf du côté gauche...

Retour sur le fauteuil roulant. Au bout du couloir, devant la porte de ma chambre — que les infirmiers ferment à clé pendant mon absence —, ma cousine Catherine m'attend. Elle était venue à midi précis, l'heure du déjeuner, et j'ai presque une heure de retard ! Sa patience est merveilleuse. Elle m'accueille avec le sourire et déballe ses surprises gardées au frais : une salade d'avocats aux crevettes, des kiwis « parce que c'est bon pour les os »...

L'après-midi, j'annule ma séance de kiné avec Loïc. Je suis trop fatiguée. Et puis, quand travaillerais-je ?

39

« Le malade va très bien »

Muriel m'a appelée pour m'annoncer que son père était enfin sorti de l'hôpital. Mais pas sorti d'affaire pour autant. Avec son accord, maintenant que M. Marsac se trouve à l'abri de « représailles » du Pr Malus, je décide d'écrire une chronique sur cette scandaleuse affaire. Elle paraîtra le 19 juin sous le titre « Le secret médical dévoyé ». J'insiste en effet sur le fait que le médecin généraliste de M. Marsac, comme le chirurgien, le Pr Malus, se sont tous deux réfugiés, pour ne pas donner d'informations à la famille, derrière le « secret médical ».

Dix jours plus tard, Patrice de Plunkett, directeur de la rédaction du *Figaro Magazine*, reçoit du Pr Malus une lettre insultante à mon sujet. Son auteur m'y qualifie de « moralisatrice sans morale » ! Mais il fait mieux ou bien pire : non content d'ironiser sur la situation conjugale et familiale de son malade, il affirme que celui-ci « va très bien » et « ne se plaint plus d'aucun trouble ».

Je téléphone à Muriel pour lui lire la lettre du Pr Malus. Elle est indignée, tout autant par les guillemets sur « l'épouse » et « les autres enfants » (que veut insinuer le Pr Malus ? Croit-il se disculper en jetant le discrédit sur son malade ?) que par les affirmations mensongères sur la bonne santé de son père. Du coup, toute la famille m'envoie des attestations. Le père voudrait y joindre ses radios. Il est tellement hors de lui, me dit Muriel, que cette fois il veut pour de bon faire un procès à l'hôpital Gagarine et au Pr Malus, projet qu'il finira par abandonner. Pourtant, les faits sont accablants : le jour même où le Pr Malus m'écrivait, sa victime venait de subir une nouvelle ponction : on avait retiré de son poumon un litre et demi de pus !

Renforcée par ces témoignages, je prépare une réponse cinglante à publier dans « Le courrier des lecteurs ». Mais l'avocat du *Figaro Magazine* estimera que ce serait faire trop d'honneur au Pr Malus que de lui accorder un « droit de réponse » auquel il n'a pas à prétendre. Ma réponse datée du 3 juillet 1993 est donc restée dans mes cartons. J'y mets les points sur les *i* et rappelle qu'à ce jour ni la famille ni le patient n'ont réussi à obtenir qu'on leur communique le dossier médical de M. Marsac.

« Apparemment, conclus-je, le Pr Malus est plus pressé d'insulter les journalistes que de soigner ses patients et de répondre à leur juste demande d'informations. »

40

La grande famille des handicapés

Tous les matins, je retourne chez Jacques le kinésithérapeute. Le plus souvent, ma cousine Nicole m'y conduit. Comme je ne peux pas prendre le risque de descendre attendre sur le trottoir, elle m'attend et me ramène à l'Institut. Mon état s'améliore très légèrement, du moins Jacques m'en convainc-t-il « Quand vous êtes arrivée, m'affirme-t-il, vous aviez un œdème au visage. » Ça ne m'étonne pas : le béton me paralysait jusqu'à l'oreille. Dans la salle d'attente — où je garde le privilège d'attendre très peu, sans que les autres patients semblent m'en vouloir en aucune façon — je fais peu à peu la connaissance de cette « grande famille » que j'avais bien à tort comparée, le premier jour, à une sorte de « cour des miracles. » La jolie jeune femme s'appelle Karine. Elle est — ou plutôt, elle était — hôtesse de l'air. Un très grave accident de voiture, survenu il y a deux ans, l'a privée pendant des mois de ses deux jambes. Mais maintenant, aidée de ses cannes anglaises, elle parvient à remarcher et même à conduire. Comment ferait-elle, autrement ? Elle habite la banlieue. Elle vient tous les matins et passe pratiquement sa matinée ici. Parfois, une jeune fille l'accompagne, qui va nous chercher des espressos au café d'en bas. Cécile, l'adolescente, vient aussi tous les matins, poussée sur son fauteuil roulant par un ambulancier en blouse blanche. Depuis l'âge de sept ans — elle doit en avoir quatorze ou quinze aujourd'hui — Cécile vit à l'hôpital : en sautant à la plage, sur un trampoline, elle est retombée sur la tête. Elle n'est pas tétraplégique, mais atteinte de graves troubles moteurs, de troubles de l'équilibre et de troubles de la parole. Les gens qui la croisent la prennent parfois, avec sa tête penchée et cette bouche pulpeuse qu'elle a du mal à maîtriser, pour une handicapée mentale. Or, Cécile — je m'en apercevrai au fil des jours et de nos conversations par gestes — est très intelligente. Elle a beaucoup d'humour. Et elle est infiniment sensible : en entrant dans la salle de kiné, un matin, je lui ai caressé la joue du bout des doigts. Depuis, si j'oublie de le faire, elle me fait signe. Alors, franchissant la barrière du handicap — ce mélange obscur de peur de faire mal et de peur du contact d'une bouche humide, de mains peut-être moites, ou tremblantes... —, je l'ai embrassée. Elle a tenté maladroitement de me rendre mon baiser et paru si heureuse de ce contact que j'en ai été bouleversée. Mon Dieu, mon Dieu, cette tendresse qui voudrait tant s'exprimer et s'épanouir, et ce corps de jeune fille, à la merci de tous ceux qui la manipulent...

La petite Clémence, ravissante fillette blonde de trois ans, que sa mère porte dans ses bras, a plongé la tête dans un seau d'eau de Javel alors qu'elle avait dix-huit mois. Jacques assure qu'elle est très intelligente elle aussi et qu'elle pourra parler bientôt. Il y a également un enfant disloqué, frêle pantin entre les bras de son père, qui l'allonge sur la moquette en arrivant. Celui-là vient d'Israël. Ses parents passent plusieurs mois par an en France pour l'amener chez Jacques. Un autre vient de moins loin : Strasbourg. Son père, enseignant, se débrouille pour obtenir de longs et fréquents congés. A Paris, il loge chez sa sœur. Tout ce monde attend parfois pendant plus de deux heures, dans des conditions d'exiguïté et d'inconfort très difficiles à supporter, sans jamais marquer la moindre impatience, la moindre lassitude, le moindre agacement vis-à-vis des nouveaux venus comme moi que Jacques prend en priorité. Les premiers jours, j'étais choquée par le sort infligé à tous ces grands handicapés : comment un homme chaleureux, humain comme Jacques, pouvait-il ne pas s'en préoccuper? Et puis, j'ai compris: à cent quinze francs la séance (il ne veut pas demander plus que le tarif remboursé par la Sécurité sociale), Jacques n'a pas les moyens de se payer une secrétaire. Et, bien entendu, il n'a pas le temps, avec tous les cas qui lui arrivent en urgence, de prendre son téléphone afin de décaler les rendez-vous des quinze ou vingt-cinq autres patients qu'il reçoit chaque jour. Au reste, ce cercle familial a une vertu thérapeutique. Chacun oublie un peu son propre cas pour s'intéresser à celui des autres. On s'encourage, on se félicite de sa meilleure mine et de ses progrès. On raconte ses déboires à l'hôpital. Beaucoup de jeunes gens hémiplégiques ou tétraplégiques, comme Jean-Michel, vingt-neuf ans, qui a plongé l'été dernier dans le bassin d'Arcachon à un endroit où il n'y avait pas assez d'eau et qui s'est retrouvé la moelle épinière sectionnée, viennent de grands services hospitaliers spécialisés comme celui de l'hôpital Raymond-Poincaré à Garches. Là-bas, on ne leur avait guère donné d'espoir et ils ne faisaient aucun progrès. En Jacques ils ont trouvé leur sauveur, qu'ils suivraient au bout du monde. Non que ses résultats soient spectaculaires pour l'œil non averti : un tétraplégique ne remarchera pas. Mais pouvoir mieux respirer, pouvoir se raser seul, couper sa viande seul. Voilà déjà, quand on part d'un état de dépendance totale, des progrès extraordinaires. « La fonction, répète Jacques. Rétablir la fonction ! » Cet ancien marxiste est toujours en révolte contre le patronat, les gouvernements, le système hospitalier et une bonne partie des médecins — en particulier ces rhumatologues qu'il appelle « mondains » et qui soignent à coups d'infiltrations de cortisone sans « rétablir la fonction »... mais en demandant des honoraires de quatre cents à mille francs la consultation. Il voudrait bien que l'on évalue les résultats de tous ces « grands » patrons et de leurs services « renommés ». On s'apercevrait alors, assure-t-il, que ceux qui coûtent le plus d'argent à la collectivité sont peut-être les plus inefficaces, sinon les plus nocifs.

Pour l'aider à s'installer dans des locaux plus spacieux, mais aussi à diffuser sa méthode en consacrant un peu de temps à l'enseignement, plusieurs de ses patients ont créé une association. Mais comment soumettre son dossier à une administration ? Jacques n'appartient pas à une catégorie précise, « labellisée ». Il est beaucoup plus qu'un kiné. Il n'est pas médecin. Quant à l'enseignement… Pour que le sien soit utile, encore faudrait-il qu'il trouve des élèves doués de la même intuition, de la même main, de la même énergie solaire.

Marie m'avait prévenue en riant : « Il est très autoritaire ! » Je ne m'en étais pas aperçue les premiers jours, sensible surtout à sa chaleur, à son rire. Je découvre maintenant qu'il exerce un réel pouvoir sur moi, comme sur les autres, et qu'il est en effet… une manière de gourou… sinon de dictateur !

41

Bientôt la liberté

Juin, cette année, est radieux. Malgré les stores que m'a fait poser tout spécialement le Dr Folon, les après-midi sont étouffants dans ma chambre de l'Institut, orientée à l'ouest. J'étouffe aussi de ne pas être libre, de devoir demander une permission pour sortir et dissimuler le but de mes « promenades ». J'ai envie de grand air, de mer, de mouettes, de liberté. Le Dr Van Dahaene m'a recommandé, à ma sortie de l'Institut, de partir en cure de thalassothérapie. Le Dr Folon est du même avis. Il me conseille Saint-Malo. Marie ne semble pas croire beaucoup aux effets bienfaisants des bains d'algues et des bains bouillonnants. « Mais si vous en avez envie, me dit-elle, partez. » Seul Jacques le kiné me déconseille de partir. Mon état est encore réversible, il ne garantit rien si je le quitte avant un mois. Un mois, cela nous amène à début juillet et j'ai accepté, bien imprudemment, d'assurer quotidiennement une chronique pour RTL à partir de la mi-juillet... Non, l'appel du large est trop fort. Je partirai plus tôt : le 16 juin. Mais je n'oserai l'avouer à Jacques que deux jours avant.

Partir ! J'ai fait venir de la documentation de la Maison de la thalassothérapie et je passe des heures à contempler le ciel, la mer et le sable en photos sur des prospectus. Un ami insiste pour que je choisisse le centre de Quiberon. Un autre ne jure que par Biarritz. Un troisième va tous les ans à Saint-Malo. Un quatrième à La Baule, où il me recommandera personnellement à son excellent kiné. Je compare les distances, les paysages, les prix. La cure de thalassothérapie proprement dite — trois cents à quatre cents francs par jour — est remboursée par la Sécurité sociale. Mais les hôtels de luxe, qui abritent en leur sein la piscine chauffée et toutes les installations de soins, sont hors de prix : de mille cinq cents francs à trois mille francs par jour en pension complète ! Il y a bien la solution des petits hôtels alentour. Mais je suis encore, et pour plusieurs mois, incapable de conduire. Et la plupart de ces hôtels « familiaux » n'ont pas d'ascenseur... J'irai donc dans un palace — qui me consent un prix de « basse saison ». En souvenir de vacances en famille sur la longue plage de sable, ou peut-être à cause des chevaux qu'on y voit souvent galoper, j'ai choisi La Baule.

Quelques jours avant le grand départ, je me fais conduire à mon appartement pour marquer aux murs, en présence d'un serrurier, tous les points où il devra fixer des barres d'appui pour mon retour. Bonheur de se retrouver enfin chez soi. Mais comme tout me paraît redoutable et difficile d'accès ! Je songe que, d'ici peu d'années, il me faudra songer à vendre. Pour acheter un appartement moderne, de plain-pied, commode pour les handicapés et les personnes âgées... Je me contemple dans le miroir de la salle de bains. Je n'ai pas très bonne mine et j'ai toujours une épaule plus petite que l'autre et légèrement remontée. Mais surtout, le miroir me confirme ce que m'avaient déjà révélé les photos sur mon fauteuil roulant : après trois mois couchée, trois mois de médicaments à forte dose, j'ai perdu des cheveux ! J'ai beau essayer, de la main gauche, de les faire gonfler, ils retombent lamentablement. Et je crois même apercevoir une légère tonsure rose à l'emplacement du traumatisme crânien. Horreur ! Si j'allais devenir chauve comme mon père ?

A dater de ce jour, mon apparence physique me cause un souci permanent : comment m'habillerai-je, dans ce grand hôtel de La Baule ? Et si j'allais y rencontrer des gens — des gens que je reconnaîtrai mais qui, eux, auront du mal à me reconnaître ? Quel traitement trouver pour mes cheveux ? Peut-être devrais-je acheter une perruque ?

En attendant, j'achète une canne. Pour remplacer la canne métallique, orthopédique, de l'Institut, je me fais déposer par M. Bê, mon chauffeur de taxi laotien, boulevard Saint-Germain à la jolie boutique où j'ai l'habitude d'acheter mes parapluies, et je commande une canne sur mesure, une canne en bambou, comme celle de Jean-François Deniau. Coquetterie de handicapés...

Avant mon départ, le Dr Filippi me rend une dernière visite à l'heure du déjeuner. Il semble assez sceptique sur les progrès « miraculeux » que j'attends de mes séances de kiné chez Jacques et il insiste pour que, une fois sortie de l'Institut où cela posait trop de problèmes « diplomatiques », je suive enfin sa prescription : une piqûre de Calcyn 50, puis de 100 si je les tolère, chaque soir une heure après dîner. Il me faudra trouver une infirmière à La Baule et dîner très tôt comme à l'hôpital, pour ne pas la faire venir à onze heures du soir. En outre, Filippi ne me cache pas que je risque d'avoir des nausées. Je ne lui promets rien.

Les trois derniers jours précédant mon départ, tout le personnel de l'Institut redouble de gentillesse à mon égard. Mes chers infirmiers de nuit me donnent leur numéro de téléphone, les infirmières de jour s'attardent à bavarder, le prothésiste vient me prodiguer ses encouragements. Après avoir paru un peu ennuyé de ma brusque décision de partir (« On ne vous chasse pas : vous pourriez rester jusqu'à la fin du mois ! »), le Dr Folon s'est détendu. Nos relations retrouvent le ton amical qu'elles avaient au début. Je ne lui en veux pas, au fond, de n'avoir pas su voir assez tôt que ma fracture de la clavicule devait être opérée et ne pouvait être réduite par ses harnais bien serrés : la plupart des autres chefs de service, j'en suis maintenant persuadée, auraient commis la même erreur. Lui, au moins, « tient » son service. La qualité des infirmières — ce ne peut être un hasard — y est remarquable. Le confort hôtelier, aussi. Plus tard, quand on me demandera conseil, je recommanderai l'Institut.

Le dimanche soir, veille de mon départ, mes amis me font la surprise de m'apporter un pique-nique de luxe : saumon mariné à l'aneth, salade de concombres, champagne... Ils avaient prévu de le manger dans le jardin. Il tombe des cordes. Tout ce petit monde, chaleureux et gai, se retrouve dans ma chambre. Je suis restée sur mon lit, mon fauteuil roulant servant de siège d'appoint... Est-ce le parfum grisant du champagne dans lequel je ne peux toujours pas tremper mes lèvres sans un haut-le-cœur, le bruit des voix, l'émotion du départ proche et l'anxiété d'affronter la liberté ? Je lutte contre le sommeil, complètement étourdie.

42

En cure de thalasso

La mer ! La mer à perte de vue, scintillante sous le soleil de juin comme un inaccessible paradis. Et le sable où des hommes, des femmes, des enfants, si libres dans leurs corps, jouent au ballon, courent, lèvent les bras et bondissent pour jouer au volley-ball ! Un long moment, après m'être allongée sur le lit moelleux de ma vaste chambre d'hôtel qui surplombe, du dernier étage, l'immense plage de La Baule, je m'attarde sur le balcon à contempler l'Atlantique et à admirer tous ces corps humains, leur bonheur fou dont ils ne sont même pas conscients. Puis j'explore la salle de bains. Immense, magnifique, en marbre blanc avec des aciers étincelants. Mais je ne peux pas enjamber la baignoire et j'ai peur de monter dans la douche : tout paraît tellement glissant, et pas une poignée à laquelle se raccrocher.

L'endroit est superbe. Il y a une pelouse, des pins et, à mes pieds, sous une verrière bleutée, ce qu'on appelle « le diamant », la piscine du centre de thalassothérapie que je découvrirai demain matin. On me dit que le centre hippique n'est pas loin. Ce sera un merveilleux but de promenade, appuyée sur ma canne en bambou. Le club de tennis le jouxte. J'irai assister à des matchs, pour le seul plaisir de voir les corps s'élancer vers la balle blanche, rebondir. Et j'observerai comme jamais les cavaliers à l'entraînement. Rien de plus beau qu'un départ au galop en douceur quand le cavalier est en harmonie avec sa monture...

Un incroyable désir me prend de me remplir les yeux de tous ces prodigieux mouvements, de toute cette vie, comme si le seul fait de la regarder allait me la transmettre, m'en nourrir. Je descends dîner. Tout m'émerveille : le rouge des langoustines que décortique pour moi un charmant jeune serveur, le jaune d'or de la sole... mais je n'achève pas mon dîner. La bête est de retour.

Le lendemain matin, descendue directement en peignoir blanc, après avoir traîné au lit avec le plateau du petit déjeuner, je découvre le centre de soins. Bois blond, cuir bleu turquoise, ascenseur de verre, lumières douces, odeur chaude de varech... « Là, tout n'est qu'ordre et beauté, luxe, calme et volupté... » Le médecin chef du centre, bel homme fort courtois, m'examine. Il me fait lever et écarter le bras et mesure l'angle d'écart : à peine quinze degrés. Il se dit convaincu que j'aurai accompli de grands progrès à la fin de mon séjour et compose mon « menu » quotidien, où alternent séances de kiné, bains d'algues et piscine.

Les bains d'algues sont ce que je préfère. Armée d'un large pinceau, une jeune fille en blouse blanche vous enduit entièrement d'une boue chaude et odorante, un peu dégoûtante à première vue avec sa couleur marron qui dégouline partout sur le carrelage blanc de la cabine de soins. Mais à peine l'épaule, le bras et la nuque (tant pis pour les cheveux) en sont-ils enveloppés, une chaleur bienfaisante chasse la douleur. Je réclame à la jeune assistante une double dose puis, quand elle m'a emballée comme un gros paquet dans un plastique pour tenir le tout au chaud, je somnole dans ce cocon pendant vingt minutes.

Vingt minutes seulement ! Je voudrais que cela dure des heures. Hélas, aussitôt la boue chassée par une douche chaude, la douleur revient. Enfiler un maillot de bain et même descendre dans la piscine tiède et marcher contre les courants, vers la mer qui prolonge la verrière, tout m'est pénible. Encore et toujours prendre sur soi, faire bonne figure, sourire... je perds courage. Les maîtres baigneurs, pourtant, de minces jeunes gens pleins d'autorité sur des groupes de dames très chic auxquelles ils font ployer les jambes en mesure, sont très attentifs et doux avec moi. Ils viennent me chercher, m'accompagnent dans l'eau et s'arrangent pour que la moitié de la piscine me soit réservée... mais j'ai l'impression d'avoir plus mal en sortant qu'en entrant.

Le kiné aussi, dûment averti de mon arrivée par un vieil ami fidèle, est « aux petits soins ». Il vient me chercher lui-même à la sortie de la piscine pour m'aider à marcher et, une fois allongée sur sa belle table de cuir noir, me masse avec douceur et conviction, en me racontant l'histoire de La Baule où il travaille depuis trente ans. C'est un homme discret, sérieux, extrêmement attentif. Mais il ne voudrait pas se contenter de me soulager de façon fugitive : il voudrait me faire faire des progrès. Il prend mon bras, le lève, le tourne légèrement. Il m'enseigne des mouvements que je devrai tenter d'effectuer seule dans ma chambre. « La petite souris. Allongez le bras pour toucher le mur du bout des doigts, et faites grimper vos doigts le long du mur... » Une vraie torture. Est-ce le résultat de ce « programme » conçu pour mon bien ? Le fait que je me fatigue en marchant jusqu'à la plage ou jusqu'au centre hippique (je ne me lasse pas du spectacle des enfants trimbalés sur leur poney) ? Chaque après-midi, vers cinq heures, j'ai une crise. Le béton durcit, ma main enfle et bleuit. De toute urgence, je dois m'allonger et prendre un comprimé de Temgésic.

Un soir, Harold — un ami cher, installé en Bretagne — a prévu de m'emmener dîner à « L'Océan », un célèbre restaurant de fruits de mer sur les rochers de la Côte sauvage à une dizaine de kilomètres. Cette idée m'enchante. Je me souviens d'avoir découvert cet endroit il y a quelques années, à l'occasion d'un banquet de congrès gaulliste. Je m'étais promis d'y revenir, pour admirer dans le silence la vue exceptionnelle sur cette petite crique du Croisic, où les cormorans blancs ne se lassent pas de jouer sur les rochers couverts d'algues. Mais à dix-neuf heures, je sens que je ne pourrai pas quitter ma chambre. J'avale un deuxième Temgésic. Rien n'y fait. S'habiller, descendre, faire le trajet en voiture est un supplice. Harold est gai, généreux, comme à son habitude. En plus des crevettes et des tourteaux, il commande un homard breton dont il sait que je raffole. Je proteste. Il croit que c'est par discrétion. En réalité, j'ai peur que le repas ne dure trop longtemps. Je ne rêve déjà que de retrouver mon lit... Mais Harold tient à me gaver. Il décortique pour moi les pinces du homard, insiste pour que je partage avec lui une tarte aux pommes fines. Une tarte aux pommes chaudes ! Quinze minutes d'attente. Un cauchemar. Puis l'attente de l'addition, le retour de nuit. Harold se trompe de route, ou du moins ai-je l'impression qu'il emprunte un chemin plus long qu'à l'aller...

Le lendemain au réveil, j'appelle le Dr Filippi. Ma nuit a été très mauvaise, ça ne peut plus durer, je me rends : j'accepte les piqûres. Il m'envoie son ordonnance par fax et le portier de l'hôtel me trouve une infirmière qui viendra à vingt et une heures trente. Je dînerai donc un peu avant vingt heures. Le Dr Filippi recommande de prendre, juste avant la piqûre, un café bien fort, et juste après, pour lutter contre les nausées et les poussées de chaleur qui enflamment le visage, un comprimé de Primpéran.

Je n'ai pas de nausées, mais la piqûre est horriblement douloureuse : une longue brûlure, qui s'insinue lentement dans la fesse et la cuisse.

J'hésite à redéranger Filippi. Ce n'est pas parce qu'un médecin se montre attentif qu'il faut en abuser. Mais tant pis, je le rappelle le lendemain : « Demandez à l'infirmière d'ajouter dans la seringue une dose de xylocaïne (un anesthésique) », me conseille-t-il.

Cela change tout ! Pourquoi ne me l'avait-il pas prescrit d'emblée ? Existe-t-il donc des malades insensibles à cette brûlure ? Ou, simplement, la subissent-ils sans se plaindre ? Se plaindre, il faudrait toujours se plaindre...

43

Le kiné acupuncteur

La série de piqûres n'apporte aucun soulagement — elle n'est pas faite pour ça — mais le médecin-chef de La Baule, le kiné, l'infirmière elle-même, tous m'affirment que c'est « le seul traitement de l'algo-neuro-dystrophie », le seul qui permette de fixer à nouveau le calcium et de venir à bout de cette douloureuse décalcification. Au bout de combien de temps ? Là, ils se font tous évasifs. Une première série de vingt et une piqûres est un minimum. Ensuite, après quelques jours d'interruption, il serait bon d'en entamer une deuxième, et peut-être une troisième...

Or, le temps presse. C'est dans moins de trois semaines que je suis censée remplacer, chaque matin et pendant quinze jours, Philippe Alexandre, l'éditorialiste de RTL. Comment ferai-je ? J'essaierai d'enregistrer ma chronique le soir, avant la piqûre. Mais si un événement important survient après vingt-deux heures, m'obligeant à bouleverser mon programme ?

Il faut que je guérisse. Il faut que je sois en forme. Je ne peux pas me permettre de ne pas respecter mes engagements. Encore moins d'être « mauvaise »... Je ne manquerai pas une piqûre. Et je mangerai deux fois plus de yaourts, je ferai tout ce que l'on me dira...

Retour à Paris. Avant mon départ, le médecin-chef du centre de La Baule m'a de nouveau mesurée et pesée. J'ai pris presque deux kilos, même si je guette désespérément dans toutes les glaces du centre le retour de mes fesses, toujours aussi plates. Quant à mon bras... ce cher docteur m'affirme que je peux désormais l'écarter de trente degrés. Quinze degrés gagnés en dix jours ! Je voudrais bien le croire. Tant de mouvements me restent impossibles !

Je ne peux ni allonger la main pour saisir une poignée, ni prendre une douche seule, ni m'habiller, ni me déshabiller, ni attraper une tasse, ni soulever la théière, à peine faire cuire un œuf dans une petite casserole que je soulève de la main gauche.

Heureusement, Ninon m'a trouvé une étudiante disponible en juillet pour s'occuper de moi. Elle viendra chaque matin me doucher et m'aider à m'habiller. Puis, si j'ai une course à faire, elle m'accompagnera. Paris est effrayant. Les gens marchent, courent, se bousculent sans rien voir. Le fait d'avoir une canne n'arrange rien, au contraire. On dirait qu'elle les attire comme un aimant ! Dix fois, je manque de tomber en me prenant les pieds dedans pour éviter un passant. Or, Jacques m'a prévenue : « Il ne faut surtout pas tomber ! Votre épaule, votre bassin ne le supporteraient pas. » Conseil inutile : j'ai peur de tout comme une vieille dame. Isabelle, c'est le nom de l'étudiante en psychologie qui a accepté de s'occuper de moi, est douce et méticuleuse. Elle a été religieuse, dans une autre vie. Novice chez les Bénédictines. Il lui en est resté un recueillement, une voix musicale, des gestes sans brusquerie. Mais Isabelle est prise le soir. Elle s'occupe de jeunes enfants. La ronde des amis et de la famille recommence. J'accepte très peu d'invitations à dîner, car il me faut être rentrée à temps pour la piqûre de l'infirmière. On vient plutôt me faire dîner à domicile. Un soir, les enfants m'apportent un repas froid qu'ils partagent avec moi avant de m'aider à enlever mon tee-shirt et mon caleçon long (la tenue la moins risquée, quand on marche avec une canne). Il fait très chaud, on ouvre grandes toutes les fenêtres. En partant, Antoine les referme. Sauf celle de ma chambre. Une heure plus tard, l'orage gronde, le vent se lève. La fenêtre claque à grand bruit. Je tente de la fermer. Je n'y arrive pas. Comment fermer une fenêtre contre le vent, avec une seule main ? Assise sur mon lit, la tête entre les mains, je pleure. Le lendemain matin, nouvelle crise de larmes. A quel propos, je ne sais plus. Du thé renversé sur mon tee-shirt blanc, un rien... Jacques est parti en vacances. Filippi m'a recommandé un autre kiné, qui présente l'énorme avantage d'habiter à cent mètres de chez moi et de ne pas faire attendre.

Philippe de Crozeray est un bel homme grand, mince, aristocratique à la chevelure d'intellectuel ou de chef d'orchestre gris argenté. Il reçoit dans un petit appartement mansardé et plein de fleurs artistement disposées en bouquets japonais, où défile discrètement tout le 6e arrondissement littéraire. Il a une belle voix chaude, apaisante. Il pratique l'acupuncture, ce qui ferait bien rire Jacques.

Dès mon arrivée, il me fait remarquer que sa porte d'entrée grince : signe d'humidité. Voilà pourquoi il a reçu tant d'appels ce matin. Il m'installe sur un tabouret devant sa table de massage, le bras en appui sur des serviettes-éponges blanches, et me masse les épaules et le dos en parlant à mi-voix. Sa spécialité, ce sont les vertèbres. Il a tout de suite repéré mes cervicales et une lombaire. Mais lui aussi, comme le kiné de La Baule, entreprend de me « faire travailler ». Il est indispensable, m'explique-t-il, de faire bouger ce bras. Même si c'est douloureux.

44

Le kiné ingénieur

Les crises du soir continuent. Pour me calmer, Philippe de Crozeray me fait découvrir l'acupuncture. Il allume une sorte de bâton d'encens, dont le mystérieux parfum m'intrigue, et chauffe l'extrémité d'une aiguille plantée sous mon omoplate. La chaleur me gagne toute l'épaule. En partant, je le remercie vivement. Une heure après, j'ai aussi mal.

Je me mets dans la tête que Paris ne me réussit pas. L'été y est trop lourd, trop humide. Je serais mieux sur la Côte d'Azur, avec un vrai ciel bleu, une vraie chaleur bien sèche, et la mer, même si je ne peux toujours pas y entrer bien que, là-bas, sa température atteigne 24 degrés. Il me reste une semaine avant mon remplacement sur RTL. Départ pour Nice où je dispose d'un pied-à-terre. Jamais je n'aurais imaginé que les sièges d'Air Inter pouvaient être de tels instruments de torture pour les gens qui ont mal à la nuque et au dos ! Le voyage est interminable. J'arrive en mauvais état... pour me coucher aussitôt, dans le noir, volets fermés. Je m'étais trompée. Le soleil ne me guérira pas. Sa violence me fait peur. Et je ne suis bien que sur mon lit. La plage de galets ? Inaccessible avec ma canne. La somptueuse piscine du Grand Hôtel du Cap-Ferrat, où m'accueille Pierre, un professeur de natation ami, qui est aussi un excellent kiné ? J'y entre sans nager, j'y fais une petite marche précautionneuse en m'appuyant au bord de la main gauche, jusqu'au point où l'eau m'atteint les épaules, et j'en ressors glacée.

Le soir, malgré la chaleur, je claque des dents, j'ai des frissons, il faut m'envelopper dans un édredon. Pierre, le professeur de natation, connaît bien le phénomène de l'algo-neuro-dystrophie. Il en a vu plusieurs cas. Surtout chez les femmes. « Il faut que tu aies un moral très positif, insiste-t-il. Pense à la chance que tu as. Tu vas voir, ça va passer. » Il me présente à un célèbre médecin, venu passer ses vacances dans cet hôtel pour stars américaines de cinéma. Ce dernier me confirme que je dois persévérer et poursuivre mes séries de piqûres de Calcyn.

Je trouve une infirmière qui accepte de monter mes quatre étages après dîner. Cela ne suffit pas, j'ai besoin d'être soulagée. Les frissons reviennent tous les soirs. J'ai de la fièvre. Et des contractions agitent de façon désordonnée mes jambes et mes bras, au milieu de la nuit, en dépit du somnifère.

J'appelle le Dr Van Dahaene pour lui demander conseil. Il connaît à Nice un excellent confrère, qui a fait un stage d'interne à son cabinet. Contacté, celui-ci me rappelle aussitôt et me recommande le meilleur kiné de Nice, M. Nahoum. Il habite à l'autre bout de la ville et cela pose des problèmes de transport. Les taxis, à Nice, sont hors de prix. Mais s'il peut me faire du bien...

M. Nahoum, un homme jeune, avenant et rondouillard, appartient à la catégorie des kinés bavards. Il me fait entrer dans une salle pleine d'instruments de rééducation et d'appareils électroniques et, m'ayant reconnue (« Vous êtes la journaliste ? »), m'entretient abondamment des problèmes de sa profession, dont les tarifs d'honoraires plafonnés ne permettent plus d'amortir de coûteux investissements. Je regarde autour de moi pendant qu'il me masse les épaules, assise sur un tabouret, le menton appuyé contre sa table de massage. La plupart de ses appareils portent des noms allemands. A quoi servent-ils ? M. Nahoum me propose une petite séance dans le but, si je comprends bien, de refaire circuler le courant dans mon système nerveux. D'instinct, je me méfie de tout ce qui est électrique. Mais

M. Nahoum a une bonne main, une voix gaie en dépit de ses récriminations contre la politique de santé du gouvernement, et un désir si visible, si passionné, de perfectionner ses méthodes et d'en découvrir de nouvelles pour soulager ses patients que sa foi est communicative. Et puis, ma curiosité l'emporte sur la crainte. J'accepte donc qu'il m'applique, sur une demi-douzaine de points douloureux de l'épaule et du bras, des espèces de compresses reliées à un appareil électronique par des fils. Il branche le courant, et fait monter progressivement la tension. Je ressens partout de drôles de picotements, pas désagréables : il y a donc encore de la vie là-dedans, ça change du béton armé. « Vous m'arrêtez quand ça devient pénible », me prévient M. Nahoum. Je l'arrête, et il note soigneusement mes « fréquences » sur une grande feuille calibrée. Puis il s'attarde à me parler de l'algo-neuro-dystrophie. En ce qui le concerne, c'est avec ce traitement « électronique » associé à des mouvements en douceur (« Surtout, ne forcez pas, cela provoquerait un nouvel enraidissement... ») qu'il a obtenu les meilleurs résultats. Toujours avide de s'instruire, il me pose beaucoup de questions sur les méthodes employées par ses confrères de Paris et La Baule. Quel est leur pronostic ? Quant à lui, il ne me cache pas qu'il n'a pas vu de cas semblables guérir en moins de six mois. Il en a même vu durer trente-six mois ! Trente-six mois ! Trois ans ! Alors que le terme de trois mois me paraît déjà insupportable ! Comment la médecine peut-elle se montrer aussi impuissante en face d'une affection somme toute assez simple ? M. Nahoum ouvre l'un des tiroirs de son classeur métallique, en tire une feuille imprimée. Titre : « L'algo-neuro-dystrophie ». J'y découvre — ce que personne ne m'avait encore expliqué — que le phénomène est complexe : à la suite d'une fracture, les muscles du membre immobilisé peuvent s'atrophier et s'enraidir. Cela entraîne à la fois une décalcification des os jusqu'à l'extrémité du membre et de gros problèmes circulatoires de type polyarthrite — d'où ma main bleue... Enfin, je comprends ce qui m'arrive ! Quand je sors de chez M. Nahoum, j'ai meilleur moral. En attendant sur le trottoir brûlant le taxi commandé par téléphone, je songe qu'avec ma volonté et mon énergie je devrais guérir beaucoup plus vite que tous les autres patients de M. Nahoum. Trente-six mois, c'est un cas aberrant. J'aurais dû l'interroger sur ces « trente-six mois ». Sans doute un homme âgé, hypocondriaque. Je ne dépasserai pas trois mois...

La fraîcheur, l'obscurité et le calme d'une salle de cinéma m'attirent. Je n'ai pas vu le film chinois *Epouses et Concubines,* dont beaucoup d'amis m'ont parlé quand j'étais à l'hôpital. Je me fais conduire au cinéma. Pendant que la jeune épouse échange avec son beau-fils le regard qui va la conduire à la mort, j'éprouve des sensations bizarres : comme des ondes qui parcourraient mon dos du côté droit. Puis la douleur revient. Je pars avant la fin du film.

45

Cher Prozac !

Mauvaise nuit. Des frissons et des contractions m'agitent. Tour à tour, j'étouffe, bien que l'appartement soit climatisé, et je grelotte. Au réveil, j'ai mal partout. L'impression d'avoir quatre-vingts ans. Consciencieusement, j'avale mon orange pressée, et je détache le couvercle métallisé de mon yaourt en pot de verre. « Mangez beaucoup de yaourts », m'a recommandé Jacques, qui ne croit pas du tout aux piqûres. J'essaie de me forcer à en absorber trois par jour de la main gauche, à petites cuillerées pour ne pas me tacher. C'est difficile. Parfois, le yaourt est trop liquide. Et soudain, voilà : cette longue dégoulinade blanchâtre et gluante sur la poitrine de mon tee-shirt blanc impeccable du matin, comme une bave de limace, un jet de méduse, me nargue, m'impose son insupportable présence. « Ah non ! » Accoudée au comptoir de la cuisine, je me mets à pleurer. C'est ridicule. Il fait beau, les cloches de la cathédrale Sainte-Réparate sonnent dans un ciel pur, le marché aux fleurs m'attend, avec ses voix chantantes et ses amoncellements de pommes-d'amour, de melons et de cerises cœur-de-pigeon, je n'ai qu'un mot à dire pour être transportée au bord d'une piscine de milliardaire… et je pleure ! C'est ridicule à la fin, mais je ne peux plus m'arrêter de pleurer.

Quand j'ai trempé trois Kleenex, inondé d'eau chaude ma tache de yaourt, pleuré à la vue de l'énorme cerne blanchâtre entre mes seins, pleuré encore en me raisonnant et en m'engueulant, je décroche le téléphone.

Je vais tout dire au Dr Van Dahaene. Sans son aide, je sens que je ne pourrai pas m'en tirer.

J'ai de la chance. Il est à son cabinet le samedi matin. C'est lui qui me répond. « Comment allez-vous ? » Moment d'hésitation. Je voudrais pouvoir crâner, ironiser sur mon cas. Mais une voix pressante me dit qu'il me faut mettre mon amour-propre dans ma poche.

« Eh bien… justement, pas très bien, docteur. Je suis allée voir le kiné que m'a recommandé votre confrère. Il m'a momentanément soulagée, mais je suis toujours obligée de prendre pas mal de Temgésic… En outre… »

Je lui parle de mes espèces de convulsions la nuit et de mes crises de larmes « stupides », à répétition… Le Dr Van Dahaene m'écoute sans m'interrompre. Puis, comme à son habitude, il marque un court silence avant de m'expliquer d'une voix posée que ce qui m'arrive est tout à fait banal. « On sort de l'hôpital, on croit que la punition est finie et l'on s'aperçoit qu'elle ne l'est pas. Alors, cela engendre un état un peu dépressif… d'autant que vous ne vous êtes pas beaucoup reposée. »

J'essuie une larme. Une déprime ! Moi ! On m'aurait dit cela il y a quelques mois, j'aurais nié vigoureusement. « Vous ne m'avez pas regardée ! » Mais aujourd'hui, je rends les armes. Je ne peux plus lutter seule. Je ne demande même pas au Dr Van Dahaene pourquoi il ne m'avait pas prévenue. A quoi bon ? Les médecins ne préviennent jamais. Sans doute pensent-ils que, s'ils le faisaient, cela suffirait à provoquer immédiatement l'apparition des symptômes qu'ils ont décrits. Mieux vaut laisser le malade s'inquiéter seul de son mystérieux malaise jusqu'au moment où, n'y tenant plus, il avouera… Mais je ne suis pas d'humeur impertinente. Je suis docile comme un agneau. « Bien, docteur, oui, docteur, merci, docteur… », soulagée d'être prise en main, reconnaissante au Dr Van Dahaene d'avoir trouvé une fois de plus, très tranquillement, la solution. La solution a un nom : Prozac. Le plus célèbre des antidépresseurs m'était à ce jour inconnu.

Je vais en prendre chaque jour pendant six semaines. Il ne me fera pas voir la vie en rose mais il mettra fin à mes crises de larmes et m'aidera à vivre au jour le jour avec mes douleurs et mes contractions, au lieu de me répéter avec désespoir: «Jamais je ne pourrai vivre ainsi durant trois ans. Ni même pendant trois mois.»

46

Vive le travail !

Le Prozac et le travail. Quel meilleur remède, décidément, que le travail ? De retour à Paris, ma chronique quotidienne m'accapare entièrement. Chaque matin, après avoir lu la presse en avalant un espresso serré pour achever de dissiper l'effet du somnifère, choisir un sujet : le dernier accroc Balladur-Chirac, la situation des femmes en Algérie ou... les urgences, l'été à l'hôpital. Aller consulter la documentation du *Figaro* ou du *Point*, plus proche de chez moi, mener une enquête par téléphone, prendre un ou deux rendez-vous, puis rédiger mon papier, que je vais enregistrer le soir en me faisant conduire à l'« entrée des artistes » pour n'avoir pas à gravir l'imposant escalier glissant de RTL. J'apprends à « m'économiser ». Je refuse les déjeuners, sauf s'ils sont proches de mon domicile. Je fais la sieste ensuite pendant une demi-heure et je n'accepte que les dîners qui ne risquent pas de m'obliger à me coucher tard. J'ai obtenu du Dr Filippi d'interrompre mes piqûres du soir pendant quelques jours : je ne peux pas me permettre, lui ai-je expliqué, de ne pas être en possession de tous mes moyens intellectuels si une dépêche tombée après dîner m'oblige à changer mon programme et à improviser une autre chronique. Il s'est montré compréhensif. En échange de quoi j'accepte enfin de subir l'examen qu'il me réclame depuis des semaines. Il s'agit de la scintigraphie osseuse, une radiographie complète du squelette avec gros plan sur quelques détails. Le service spécialisé de l'Hôpital américain qui le pratique étant fermé, je dois me rendre dans une clinique à Aubervilliers et y passer, avec mes dossiers, la moitié de la journée. Après m'avoir radiographiée allongée, les opérateurs me demandent de tendre le bras pour poser la main sur une plaque sensible. Même en levant l'épaule au maximum, ce mouvement me reste impossible. C'est à peine si, sous la douche, Isabelle, l'étudiante qui s'occupe de moi, arrive à me passer un savon sous le bras droit. Il n'obéit plus à ma volonté et, si l'on s'en empare pour le lever, je sens qu'il cassera comme du bois mort. Les techniciens acceptent de me soulever entre leurs bras et d'incliner leur matériel.

Le résultat confirme le diagnostic du Dr Filippi : on discerne nettement sur les clichés des taches blanches qui me « mangent » l'épaule, le coude, le poignet et les doigts... Je suis bonne pour reprendre les piqûres...

Un matin, je trouve sur mon répondeur un message de Mme Colette, la radiesthésiste. Elle a toujours ma photo sur son bureau, elle « demande » pour moi, elle sait que je viens de passer des moments très difficiles et elle aimerait me revoir. Je la rappelle. Des forces hostiles cherchent à m'empêcher de la voir, m'explique-t-elle de sa voix persuasive. Des gens jaloux ne veulent pas que je me rétablisse et que je leur fasse de l'ombre... » Ce discours me paraît un peu ridicule mais qui sait ? Mme Colette n'a peut-être pas tout à fait tort. Et puis, j'ai gardé un bon souvenir de sa visite à l'Institut. Sa voix m'est une promesse d'apaisement. Et la curiosité, toujours la curiosité...

C'est ainsi que, le lendemain matin, je me retrouve dans l'ascenseur d'un immeuble cossu non loin du boulevard Haussmann, dans une rue plus célèbre pour ses prostituées que pour ses radiesthésistes. Mme Colette, en blouse blanche, m'accueille avec chaleur dans un appartement rétro puis, après m'avoir montré ma photo sur mon fauteuil roulant « aplatie comme une limande » et m'avoir affirmé que je n'ai « pas encore retrouvé mes énergies », me fait entrer dans une petite salle aux murs tapissés de papier bleu ciel avec des oiseaux blancs et m'aide à me dévêtir pour m'installer sur sa table de massage — ou plutôt d'imposition des mains. J'ai froid. Mme Colette demande à sa jeune assistante, qu'elle appelle d'une voix suave « ma chérie », de me préparer une tasse de thé et me propose, maternelle, une tartelette aux poires. Puis elle se met au travail. « Regardez mes mains », me dit-elle au bout de quelques instants en me montrant ses mains gonflées et rougies. Je marque mon admiration. Mais cette fois, l'effet des ondes tracées au-dessus de mon corps est nul. Je persiste à avoir froid. Je finis par le lui avouer. « Ça ne fait rien, m'assure-t-elle. Mon mari est comme vous : il ne ressent rien. Mais ça n'empêchera pas les os de se régénérer... » Maintenant, j'ai hâte qu'elle en finisse. Hâte de me rhabiller, de partir, et que cesse cette comédie. Malgré son insistance, « Ne vous préoccupez pas de ça pour l'instant, vous me paierez plus tard, quand vous irez mieux », je laisse sur la table où est affichée ma photo deux billets de deux cents francs — c'est le tarif — et prends congé sans dissimuler mon impatience de retrouver ma liberté. Mme Colette restera pour moi une énigme : la première fois, elle m'avait vraiment soulagée. Et des témoins dignes de foi affirment qu'elle a fait des miracles... Peut-être y a-t-il des jours, des périodes où l'on est plus réceptif aux miracles ? Je me garderais bien de porter un jugement sur les deux amies qui ne jurent que par la radiesthésie et n'hésitent pas à dépenser quatre cents francs par séance, une ou deux fois par semaine, pour trouver auprès de Mme Colette réconfort et soulagement. Qui sait si cela ne m'arrivera pas un jour ? Mais pour le moment, les séances de massages et d'acupuncture de Philippe de Crozeray, le kiné amoureux des fleurs... et des vertèbres, me semblent plus efficaces. J'y retourne chaque après-midi. Entre deux séquences de travail.

47

Un an plus tard

Juin 1994

Mon algo-neuro-dystrophie a guéri en six mois. En décembre 1993, j'ai pu, pour la première fois, nager, d'une brasse « petits bras », dans une piscine chauffée. En janvier, j'ai pu à nouveau m'élancer pour courir sur la promenade des Anglais à Nice.

Entre-temps, j'avais retrouvé le sommeil sans somnifère, abandonné avec joie le Prozac et avec plus de joie encore les dérivés de morphine pour des calmants moins forts — que je prends seulement quand mes « vieux os » se rappellent à moi.

En mai 1994, un an après m'avoir opérée, Marie m'a enlevé ce qu'elle appelle son « matériel » et ce que j'appelais ses « sales clous » dans l'épaule. Il m'a fallu retourner pour quelques jours à sa clinique, subir une anesthésie générale, me retrouver les bras en croix, avec une perfusion et un drain. Je redoutais cette épreuve. Je redoutais le retour de « la bête ». Elle est revenue. Mais, cette fois, elle était domestiquée, maîtrisable. Tout ce qui m'avait paru tellement angoissant et insupportable un an plus tôt m'a paru... « dans les normes ». La salle d'opération elle-même et les infirmières avec leur chariot plein d'instruments métalliques ne m'ont pas effrayée... ou à peine. J'avais l'impression, en les revoyant, de regarder avec des yeux d'adulte un dessin d'enfant, un de ces dessins où tout prend des proportions démesurées. J'étais simplement repassée de l'autre côté du miroir : du côté des personnes bien portantes. Encore quelques mois, et j'allais penser que tout cela s'était passé « dans ma tête ».

Avec Marie et Ninon, nous avons bu le champagne un soir dans ma chambre et débattu en riant sur le thème : avec l'âge, les coureurs de jupons se calment-ils ? Ou deviennent-ils encore plus acharnés ?

Dix jours après l'intervention de Marie, je suis allée voir un médecin à Nice, où j'étais partie me reposer, pour lui faire enlever les fils.

« La prochaine fois que vous aurez une fracture, m'a-t-il dit avec un bon sourire en me quittant, prenez des anxiolytiques. Ces complications-là, ça n'arrive qu'aux petites femmes comme vous : intellectuelles, nerveuses... »

Dans l'autobus qui me ramenait vers la promenade des Anglais, un fou rire m'a pris. Enfin, je n'étais plus une « femme forte » ! Le docteur avait diagnostiqué une « petite femme fragile ». « La prochaine fois... » avait-il dit. J'ai ri, j'ai ri comme jamais. Aux larmes.

CONCLUSION

Vous avez dit « économies » ?

« Vous nous oublierez ! » m'avaient-ils dit en me donnant leur numéro de téléphone. Je ne les ai pas oubliés. J'ai revu plusieurs de mes amis infirmiers, ambulanciers et médecins. Tous m'ont dit : « Dépêchez-vous d'écrire votre livre ! Sinon il sera dépassé : l'hôpital public se dégrade. »

L'hôpital public s'est-il vraiment dégradé depuis dix ou vingt ans ? A l'évidence non, si l'on regarde les locaux et les équipements. Partout les chambres ont remplacé les salles communes, les couloirs ont été repeints en rose ou en pêche, on a vu fleurir des halls pimpants avec des boutiques, des hôpitaux de taille moyenne en province ont reçu leur scanner...

A l'évidence oui, si l'on s'attache à l'aspect humain : tout se passe comme si le progrès technique avait chassé de l'hôpital toute — ou presque toute — humanité. Sans doute a-t-il toujours été dans la tradition des carabins — une bien mauvaise tradition, à laquelle il serait temps de s'attaquer — de traiter les malades comme des « bouts de viande numérotés ». Cela s'est aggravé avec la spécialisation grandissante de la médecine qui amène à ne plus considérer le cas d'un patient comme celui d'une personne humaine mais comme un « poumon droit » ou un « fémur gauche ». Paradoxalement, alors que les médecins mettent si souvent sur le compte du psychisme la douleur, sinon les maladies mêmes dont souffrent leurs patients, ils se préoccupent fort peu du climat psychologique et affectif dans lequel ils les soignent. J'ai appris avec effarement que le traitement de la douleur ne représentait, sur sept années d'études pour former un jeune médecin français que... deux heures au total! Comment s'étonner, dès lors, que la douleur soit à ce point ignorée, voire méprisée dans les hôpitaux français? Or un malade qui souffre est un malade dont le cas s'aggrave. Pas seulement parce que la douleur engendre l'angoisse mais parce qu'elle conduit à un repli physique sur soi, à des mauvaises positions, à des blocages physiologiques. Que dire de la souffrance morale! Personne, apparemment, n'a jamais enseigné aux médecins hospitaliers à annoncer au patient et à sa famille une mauvaise nouvelle, à exposer les conséquences d'un traitement et à venir s'expliquer en cas d'erreur médicale. Il suffirait pourtant aux médecins de parler: la patience... des patients est infinie. Leur respect pour les blouses blanches reste très grand. Et quand on prend la peine de leur expliquer une erreur, avec humilité, avec loyauté, ils la comprennent. Ils savent bien que la médecine, qui accomplit des miracles, reste une science humaine, et donc faillible. Il est faux de dire que nous basculons vers un type de société américaine, où les malades ne viendront bientôt plus à l'hôpital qu'accompagnés de leur avocat. De combien de cas dramatiques ai-je été le témoin, qui n'ont pas donné lieu à un procès! Mais si l'on ment aux victimes, si l'on continue de les mépriser comme on a méprisé pendant des années les hémophiles et les transfusés contaminés par le sang, alors les malades finiront par se révolter contre la corporation médicale tout entière et l'hôpital sera en grand danger. Je dis «corporation» car trop souvent, hélas, les «bons» médecins compétents, dévoués, humains — et ils restent nombreux — se taisent. Chacun veut être tranquille chez soi. C'est encore une des caractéristiques de l'hôpital : il est terriblement cloisonné. Dans un établissement de bonne réputation, on peut trouver un service exécrable. L'inverse est vrai: mon expérience personnelle ajoutée à de très nombreux témoignages avait fini par me donner une mauvaise opinion de l'hôpital Gagarine, cette « usine à soins » qui traite quarante-cinq mille malades par an. Au moment où je termine ce livre, un ami médecin m'apprend qu'il vient d'y être opéré au service d'urologie. Tout a été parfait. Les soins, les infirmières, tout... Tant mieux ! « A l'hôpital, m'avait justement dit Christiane, l'infirmière modèle, on trouve le meilleur et le pire. » On peut être opéré par le meilleur chirurgien dans le meilleur service... et risquer de mourir abandonné dans un couloir. Car, dans la longue chaîne des soins, les maillons faibles se multiplient. D'où les bavures, que nos directeurs d'hôpitaux et autres responsables de la santé préfèrent qualifier pudiquement de « dysfonctionnements ». Pourquoi ? Parce que les dépenses de santé augmentent trop vite, beaucoup trop vite, nous répète-t-on. Parce qu'il faut « faire des économies ». Or, vous ne l'ignorez pas, l'hôpital, où les frais de personnel comptent pour les deux tiers, représente 40 pour cent de ces dépenses. Et le déficit de la Sécurité sociale atteint cinquante-six milliards de francs cette année ! Cinquante-six milliards, entendez-vous ! Ce n'est plus un trou, c'est un gouffre ! Certes, et pourtant je ne vois pas comment l'on pourra, sans abréger la vie de millions de personnes âgées et sans mettre en danger celle de millions de malades, ne pas augmenter ces dépenses. A moins que des gestionnaires avisés et humains ne m'expliquent quelles économies réaliser sur la gestion. Après tout on doit pouvoir en trouver : je ne peux pas imaginer que faire attendre des patients pendant des heures, voire des jours, avant de passer un examen radiologique n'ait pas un coût.

Hélas, ce n'est pas à cette gabegie-là que l'on s'attaque. Comme toujours, en France, quand on veut faire des économies, on commence par réduire les effectifs. L'idée fixe est de « comprimer » le personnel.

Alors que le progrès technique et l'apparition de nouvelles maladies comme le sida ont considérablement augmenté ses besoins en personnel qualifié, l'hôpital souffre d'un manque d'effectifs criant.

Pour éviter de graves « dysfonctionnements » — je veux parler d'accidents mortels —, c'est doubler les effectifs qu'il faudrait et non les réduire. Et pour donner aux malades un minimum de confort physique et moral — prendre le temps de faire leur toilette, les aider à manger, échanger quelques mots... —, je me demande s'il ne faudrait pas les tripler.

L'hôpital m'a rendue folle ? Je n'ai donc pas entendu : « Cinquante-six milliards, cinquante-six milliards de francs de déficit ? » Si. Comment ne pas l'entendre ? Mais j'ai entendu aussi un autre chiffre — celui du coût de l'assurance chômage l'an dernier : plus de cinq cents milliards de francs versés par la collectivité à des gens qui deviennent malades de n'avoir pas d'emploi ! Pourquoi ne pas employer une partie de cet argent à créer, plutôt, des emplois dans les hôpitaux ? Voilà des emplois utiles, des emplois qualifiés — rien à voir avec les « petits boulots » de pompistes ou de livreurs de pizzas auxquels pensent généralement les géniaux inventeurs qui rivalisent de plans pour créer un million d'emplois en deux ans !

Un mot encore, sur le personnel hospitalier. Le nombre ne suffit pas, la qualité devrait primer. Or, rien n'est fait pour sélectionner et encourager les meilleurs. Les plus compétentes des infirmières se tuent à la tâche, pratiquement sans espoir de promotion, tandis que leurs collègues moins consciencieuses ou plus fragiles s'absentent. Les internes, sous-payés, ne sont pas jugés sur leur humanité mais sur leur aptitude à « classifier ». Des chefs de service plus préoccupés de gagner de l'argent que d'assurer un service public et parfois dénués de conscience professionnelle peuvent sévir sans être inquiétés jusqu'à l'âge de soixante-cinq ans. D'autres, exclusivement voués au service public, n'ayant cessé de se former et de s'informer au service des malades, s'entendent dire — à soixante-cinq ans, justement — au moment où ils parviennent au sommet de leur art, et alors qu'ils ont acquis cette humanité qui manque tant : « Désolé, monsieur, l'heure de la retraite a sonné. Vous ne pouvez plus former d'étudiants ni assumer la responsabilité d'un service. Vous serez désormais "professeur consultant en surnombre" ! »

L'hôpital sera-t-il donc la dernière entreprise dont les gestionnaires découvriront que ses seules vraies richesses sont, comme le disait il y a longtemps Henry Ford, « les richesses humaines » ?

Remerciements

A un moment où j'avais enfoui ces souvenirs, Gilles Dussouchet m'a aidée, par ses questions intelligentes et sensibles, à en tirer le fil. A un moment où je doutais tant de l'intérêt de ce témoignage que j'allais en interrompre la rédaction, Raoul Mille m'a redonné courage et rendu, par ses conseils stimulants, la tâche plus aisée. Qu'ils en soient très chaleureusement remerciés, ainsi qu'Olivier Orban et Jean-Claude Simoën, qui n'ont jamais cessé de me témoigner leur confiance.

Merci aussi à mes consœurs Véronique Grousset et Christel Guioc, dont les enquêtes sur les hôpitaux, les chirurgiens et les infirmières ont étayé la mienne et m'ont confortée dans l'idée que je n'avais pas approché une réalité purement subjective.

Merci enfin à Christine Magnière qui a su traduire patiemment et avec intelligence mes hiéroglyphes pour taper ce texte.

Table

J'AI LU

Bien-être

Psychologie, santé, sexualité, vie familiale, diététique : la collection Bien-être a été conçue pour apporter une réponse pratique adaptée à chacun.

PSYCHOLOGIE

ARMSTRONG Thomas
Sept façons d'être plus intelligent
7105/5
L'auteur expose la thèse des intelligences multiples : il existe non pas une mais plusieurs formes d'intelligence, correspondant à des domaines particuliers.

BACUS & ROMAIN
Libérez votre créativité
7124/4

BRANDEN Nathaniel
Les six clés de la confiance en soi
7091/7

CARTER Steven & SOKOL Julia
Ces hommes qui ont peur d'aimer
7064/5

CLERC Loly
Je dépense, donc je suis !
7107/4

KEEN Sam
Être un homme
7109/5

KILLINGER Barbara
Accros du boulot
7116/7

LELEU Dr Gérard
La Mâle Peur
7026/6

McGINNIS Alan Loy
Le pouvoir de l'optimisme
7022/3 Inédit

MARTINO Bernard
Le bébé est une personne
7094/4

MELLODY Pia
Vaincre la dépendance
7013/4

NORWOOD Robin
Ces femmes qui aiment trop
7020/6 & 7095/6

PEIFFER Vera
Soyez positifs !
7118/4
Etre positif, c'est avoir l'espoir de réussir ce qu'on entreprend, en dépit des obstacles. Entre laisser la vie décider et être responsables de nous-mêmes, nous avons tous le choix. Mais certaines peurs peuvent déformer notre évaluation de la situation et nous empêcher d'agir. L'auteur, psychanalyste, démonte les mécanismes qui entravent le développement individuel.

RELIER Jean-Pierre
L'aimer avant qu'il naisse
7088/3

SALOMÉ Jacques
Papa, Maman, écoutez-moi vraiment
7112/5

SAMALIN Nancy
Savoir l'entendre, savoir l'aimer
7062/5

TANNEN Deborah
Décidément, tu ne me comprends pas !
7083/6
Une nouvelle approche de la communication entre hommes et femmes.

TUCKER Nita
Le grand amour pour la vie
7099/3

ZARAÏ Rika
Ces émotions qui guérissent
7114/7

SANTÉ

BOEDEC Martine
L'homéopathie au quotidien
7021/3

COHEN-SOLAL Dr Julien
Comprendre et soigner son enfant
7096/6 & 7097/6
Spécialiste de renom international, le Dr Cohen-Solal expose ici les dernières découvertes de la pédiatrie, abordant toutes les questions que peuvent se poser les parents sur le développement de l'enfant, de la naissance à la puberté. Un guide précieux.

COMBY Bruno
Tabac, libérez-vous !
7012/4

J'AI LU Bien-être

COUDRON Dr Lionel

Stress, comment l'apprivoiser
7027/5

Mieux vivre par le yoga
7115/6

Une initiation pratique à une technique ancestrale d'origine indienne, dont l'Occident redécouvre les effets bénéfiques, tant sur le plan de la santé que de l'épanouissement personnel. Le Dr Lionel Coudron est président de l'association Médecine et Yoga.

DREVET & GALLIN-MARTEL Drs

Bien vivre avec son dos
7002/4

ELIA Dr David

Comment rester jeune après 40 ans
Version hommes
7110/5

Se sentir vieux à 45 ou 50 ans n'est plus aujourd'hui une fatalité. Analysant en détail les symptômes et les défaillances qui guettent les hommes, le Dr Elia donne à chacun le moyen de mieux se connaître et de mieux préparer son corps, de façon à retarder les effets du vieillissement.

Comment rester jeune après 40 ans
Version femmes
7111/5

Toute femme peut, aujourd'hui, conserver sa jeunesse plus longtemps et lutter efficacement contre les effets de la ménopause. Dressant un panorama détaillé des moyens qui sont aujourd'hui à la disposition des femmes pour en prévenir les inconvénients et les risques, le Dr Elia, gynécologue praticien, informe, rassure et propose des solutions adaptées à chaque cas.

FLUCHAIRE Pierre

Bien dormir pour mieux vivre
7005/4

FLUCHAIRE & MONTIGNAC

Plus jamais fatigué !
7015/5

Retrouvez toute votre vitalité. Une méthode globale et naturelle proposée par des spécialistes.

LELEU Dr Gérard

Le traité du plaisir
7093/5

Une apologie de la sensualité fondée sur une solide argumentation scientifique. S'élevant contre tous les terrorismes médicaux (anti-tabac, anti-alcool, anti-graisse, etc.), le Dr Leleu invite au plaisir des sens.

LOO Pr & CUCHE Dr

Je suis déprimé mais je me soigne
7009/4

MAURY Dr E.

La médecine par le vin
7016/3

MESSÉGUÉ Maurice

C'est la nature qui a raison
7028/7

MITCHELL Stewart

Initiation au massage
7119/4

MITZ Dr Vladimir

Le choix d'être belle
7019/6

PALLARDY Pierre

Les chemins du bien-être
7001/3 SANTÉ

Bien dans sa tête et dans son corps : une méthode pour vivre en pleine forme.

La forme naturelle
7007/6

Le droit au plaisir
7063/4

PASTEUR Jean-Louis

Toutes les vitamines pour vivre sans médicaments
7081/6

Les mégavitamines, minéraux et acides aminés avec, en complément, un guide d'achat.

PECOLLO Jean-Yves

La sophrologie au quotidien
7101/3

VOLF Dr Nadia

Vos mains sont votre premier médecin
7103/4

VIE FAMILIALE

CAKIROGLU Béatrice

Les droits du couple
7018/6

CAVA Roberta

Réussir et être heureuse au travail
7082/5 Inédit

J'AI LU Bien-être

CIVEYREL Françoise
Consommez bien, Dépensez mieux
7098/5
Pièges à déjouer, recours éventuels, ce guide pratique et facile à consulter répond à toutes les questions que se pose le consommateur d'aujourd'hui.

COWAN Carolyn Pape & Philip A.
1+1=3
7065/6
Un livre essentiel pour comprendre et surmonter les bouleversements que provoque, dans un couple d'aujourd'hui, la venue d'un enfant.

GROSMAN & ALLAN REZNIK
Protégez votre emploi
7085/3

HEMMERLIN Brigitte
Maman Solo
7100/5

de LEERSNYDER Hélène
Laissez-les faire des bêtises
7106/4
Une méthode intelligente, qui propose de laisser les enfants découvrir le monde plutôt que de les transformer en machines à apprendre.

MARINO Gerry & FORTIER Francine
La nouvelle famille
7122/3

MOUTON Anne-Marie
500 conseils pour réussir votre grossesse
7023/4

de ROTROU Jocelyne
La mémoire en pleine forme
7087/5

THIRION Dr Marie
Les compétences du nouveau-né
7123/5
D'instinct, le nouveau-né sait s'adapter, se préserver, communiquer avec ses parents, retenir leur attention et leur affection. L'auteur, pédiatre, établit un bilan des performances dont est capable un bébé, et répond aux interrogations des parents concernant le développement de leur enfant.

VIGOR Marie-France
Enfants : comment répondre à leurs questions !
7011/6

SEXUALITÉ

DIETRICH Eric & CUDICIO Dr Patrice
Harmonie et sexualité du couple
7061/5

GÉRENT Céline
Savoir vivre sa sexualité
7014/5

GOUPIL-ROUSSEAU Dr Françoise
Sexualité : réponses aux vraies questions des femmes
7025/3

LELEU Dr Gérard
Le traité des caresses
7004/5

O'CONNOR Dagmar
Comment faire l'amour à la même personne... pour le reste de votre vie
7102/5
Formé à l'école de Masters et Johnson, l'auteur propose de combattre la routine sexuelle qui s'installe après plusieurs années de vie commune. Une redécouverte psychologique et pratique de la sexualité dans le couple.

DIÉTÉTIQUE

BEAUDEMONT-DUBUS Agnès
La cuisine de la femme pressée
7017/3

BINET & JADFARD
Trois assiettes et un bébé
7113/3

BONDIL & KAPLAN
Votre alimentation selon le Dr Kousmine
7010/5
L'alimentation de la femme enceinte et de l'enfant selon le Dr Kousmine
7089/5
L'âge d'or de votre corps
7108/6

4566

Composition Interligne B-Liège
Achevé d'imprimer en Europe (France)
par Brodard et Taupin à La Flèche (Sarthe)
le 23 août 1997. 6185S-5
Dépôt légal août 1997. ISBN 2-290-04566-7
Éditions J'ai lu
84, rue de Grenelle, 75007 Paris
Diffusion France et étranger : Flammarion